Biblioteca
Científica
1

Giorgio Agamben
Filosofia primeira, filosofia última:
O saber do Ocidente entre metafísica e ciência

Tradução de Vinícius Nicastro Honesko
Editora Âyiné

Giorgio Agamben
Filosofia primeira,
filosofia última: O saber do Ocidente entre
metafísica e ciência
Título original
Filosofia prima, filosofia ultima: Il sapere
dell'Occidente fra metafisica e scienze
Tradução
Vinícius Nicastro
Honesko
Preparação
Pedro Fonseca
Revisão
Andrea Stahel
Leandro Dorval
Cardoso
Projeto gráfico
CCRZ
Capa
Neva Zidic

Direção editorial
Pedro Fonseca
Coordenação editorial
Sofia Mariutti
Assessoria de imprensa
Amabile Barel
Direção de arte
Daniella Domingues
Designer assistente
Gabriela Forjaz
Conselho editorial
Simone Cristoforetti
Zuane Fabbris
Lucas Mendes

© Editora Âyiné, 2024
Praça Carlos Chagas
Belo Horizonte
30170-140
ayine.com.br
info@ayine.com.br

Isbn 978-65-5998-149-6

11	Filosofia segunda
41	A filosofia dividida
49	Crítica do transcendental
73	O nome infinito
91	O objeto transcendental = x
105	O animal metafísico
123	Bibliografia
128	Índice de nomes

Filosofia primeira, filosofia última:
O saber do Ocidente entre metafísica e ciência

Ainsi toute la philosophie est comme un arbre,
dont les racines sont le Métaphysique, le tronc
est la Physique et les branches qui sortent de ce
tronc sont toutes les autres sciences.
René Descartes

Por isso nossa regeneração depende de uma,
por assim dizer, ultrafilosofia, a qual, conhecendo o todo
e o íntimo das coisas, aproxime-nos da natureza.
Giacomo Leopardi

Capítulo primeiro
Filosofia segunda

1.

Este estudo se propõe a investigar o que a tradição da filosofia ocidental compreendeu pela expressão «filosofia primeira», algo que essa própria tradição — ou ao menos parte consistente dela — também designou com o termo «metafísica». Aqui, não nos interessa tanto enunciar uma definição teórica quanto compreender a função estratégica que esse conceito desempenhou na história da filosofia. Isto é, nossa hipótese é a de que, da possibilidade ou da impossibilidade de uma filosofia primeira — ou de uma metafísica — dependem os destinos de toda prática filosófica, no sentido, por exemplo, em que se pôde afirmar que a impossibilidade de uma filosofia primeira a partir de Kant define o estatuto do pensamento moderno[1] e que, pelo contrário, seria possível dizer que a possibilidade da metafísica define o estatuto da filosofia clássica até Kant. Não obstante

---

1 Foucault, pp. XI-XII (ed. bras.: M. Foucault, *O nascimento da clínica*. Trad. Roberto Machado. Rio de Janeiro: Forense Universitária, 1997. pp. xiv-xv). [Como se verá na nota à bibliografia, Agamben traduz quase todos os textos diretamente das línguas em que originalmente foram publicados, ainda que existam edições italianas. Nesse sentido, optei por traduzir diretamente as citações de Agamben e, sempre que possível, referenciar, apenas em notas, as edições em língua portuguesa — edições que foram usadas a fim de cotejamento e eventualmente utilizadas em partes nesta tradução. — N. T.

aquilo que a expressão «filosofia primeira» designa por fim se revelasse destituído de objeto e a primordialidade que reivindica fosse de fato ilusória, nem por isso sua função foi menos decisiva, pois o que nela está em questão não é nada menos do que a definição — no sentido estrito de fixação de confins — da filosofia em relação às outras formas de conhecimento e as destas em face da filosofia. Nesse sentido, a filosofia primeira é, na verdade, uma filosofia segunda ou última, a qual pressupõe e acompanha o conhecimento que compete aos outros saberes, marcadamente às ciências físicas e matemáticas. Isto é, na filosofia primeira — e esta é nossa hipótese — acontece a relação de domínio ou de subordinação e, eventualmente, o conflito entre a filosofia e a ciência na cultura ocidental.

No que diz respeito ao termo «metafísica», Luc Brisson mostrou que o termo, que os historiadores da filosofia utilizam como se designasse um âmbito já constituído nos inícios da filosofia ocidental, de forma alguma, na realidade, aparece no grego clássico. Pelo contrário, aparece, a partir de Nicolau de Damasco (primeira metade do século i d.C.), a expressão *ta meta ta physika* para designar tratados de Aristóteles. Paul Moraux, porém, provou que o significado tradicionalmente aceito de «escritos que seguem os da física» não é exato (no elenco das obras aristotélicas que ele reconstruiu, depois da física se seguia a matemática). A partir dos comentadores antigos de Aristóteles, o título *ta meta ta physika* define, portanto, também a particular dignidade da ciência, a filosofia primeira, que se ocupa das formas separadas da matéria («Essa ciência que trata das formas completamente separadas da matéria e da atividade pura do intelecto em ato [...] [os aristotélicos] a chamam de teologia ou filosofia primeira ou além da física, dado que remete àquilo que se encontra além das realidade físicas»[2]) e se dá na ordem do conhecimento depois da física

---

2   Simplicio, i, 17-21.

(«A ciência procurada e aqui apresentada é a sabedoria ou a teologia, à qual ele [Aristóteles] também dá como título *ta meta ta physika,* porque, de nosso ponto de vista, está na ordem depois da física»[3]). Em todo caso, a expressão certamente não é de Aristóteles, que, em duas passagens (*De coelho,* 277 b, 10 e *De motu animalium* 700 b, 7), parece, antes, usar o título *ta peri tes protes filosofias,* presumivelmente em referência ao tratamento teológico do livro L. Já o termo «metafísica», com o qual designamos tanto uma obra de Aristóteles como a forma eminente da filosofia, deriva das traduções latinas medievais do tratado aristotélico e, portanto, é relativamente tardio. A partir da escolástica, o termo «metafísica» tende a se sobrepor à expressão «filosofia primeira» e é significativo que, em uma carta a Mersenne de dezembro de 1640, Descartes se refira às suas *Meditações sobre a filosofia primeira* como *ma Métaphysique.*

2.

Dado que a expressão «filosofia primeira» (*prote philosophia*) aparece em Aristóteles sete vezes (*Met.* E I, 1026 a, 24 ss.; *Met.* K 4, 1061 b, 19; *Fis.* I 9, 192 a, 35-36; *Fis.* II 2, 194 b, 14-15; *De caelo* I 8, 277 b, 10; *De an.* I 1, 403 b, 16; e *De motu animalium* 6, 700 b, 9 — às quais se deve acrescentar *Met.* Γ 2, 1004 a, 3-4), um exame das passagens em questão é a premissa necessária para qualquer interpretação do conceito.

Já foi notado[4] que, nos pontos em que aparece na *Metafísica,* a função de demarcação da filosofia primeira em relação às outras ciências teoréticas — a física e a matemática — resulta particularmente evidente. No livro E, com efeito, Aristóteles começa por distinguir, entre as ciências teoréticas, a física e a matemática, as quais circunscrevem (*perigrapsamenai*) «certo ente e certo gênero [*on ti kai genos*

---

3   Alexandre de Afrodísia, p. 369.
4   Guyomarc'h, p. 145.

ti]» e não se ocupam «do ente simplesmente, ou do ente enquanto ente, ou de o que é [*peri ontos aplos oude hei on oude tou ti estin*]» (1025b, 9-10). «Por isso, está claro», ele prossegue, «que a física é uma [ciência] teorética [*theoretike*] e que também a matemática o é; mas não está claro se ela se ocupa das coisas imóveis e separadas [*akineton kai choriston*], ou se estuda alguns *mathemata* como imóveis e separados. É claro que é próprio de uma ciência teorética saber se há algo de eterno e separado; não da física (que, de fato, ocupa-se de coisas móveis) nem da matemática, mas de uma ciência anterior [*proteras*] a elas. Pois a física trata de coisas separadas, mas não imóveis; e algumas das matemáticas, de coisas imóveis e não separadas, mas que estão na matéria; a primeira [ciência] trata das coisas separadas e imóveis. É necessário que todas as causas [*panta ta aitia*] sejam eternas, e sobretudo essas; de fato, essas são causas daquilo que é manifesto [*tois phanerois*] das coisas divinas. Há, assim, três filosofias teoréticas [*philosophiai theoretikai*]: a matemática, a física e a teologia [*theologike*] — com efeito, é claro que, se o divino [*to theion*] existe em algum lugar, existe em uma natureza dessa espécie; e a [filosofia] mais honrável [*timiotaten*] deve tratar do gênero mais honrável. As ciências teoréticas devem ser preferidas a outras, e estas a outras ciências teoréticas. Alguém poderá colocar a questão sobre se a filosofia primeira concerne ao universal [*katholou*], ou a certo gênero, ou a certa natureza una; não é, com efeito, o mesmo nas matemáticas, já que a geometria e a astronomia tratam de certa natureza, mas a universal é comum a todas. Se não houvesse outra existência [*tis etera ousia*] ao lado daquelas compostas da natureza, a física seria a primeira ciência [*prote episteme*]; mas, se há uma existência imóvel, ela é anterior [*protera*], e a filosofia será primeira [*prote*] e, como primeira, universal.

E ela contemplará o ente enquanto ente e o que é e aquilo que lhe é inerente enquanto ente» (1026 a, 7-33).

Um rápido e atento exame da articulação do texto e da argumentação nele desenvolvida mostra que a filosofia primeira é sempre evocada em função de uma limitação das outras duas «filosofias teoréticas», em particular da física, que, sem a filosofia primeira, «seria a primeira ciência». Desde o início, o que está em questão não é tanto a definição da primeira filosofia quanto, conforme já foi sugerido,[5] uma «estratégia de secundarização» da física. Como Aristóteles duas vezes especifica, a filosofia não é primeira (*prote*), mas simplesmente anterior (*protera*): ela se define não em absoluto, mas de forma comparativa (*protera* é um comparativo formado a partir de *pro*).

O que também vale para a definição — ou, antes, para a indefinição — do objeto da filosofia primeira, que se atesta pontualmente em relação ao objeto da física e da matemática, quase como se a regionalização do ente («certo ente e certo gênero» [*on ti kai genos ti*]) que ela implica resultasse da subtração ou da complicação em relação a um ser genérico, caracterizado justamente como simples (*aplos,* sem dobra). Como definição do objeto da filosofia primeira, a fórmula «ente enquanto ente» (*on hei on*) seria, com efeito, vazia e genérica, se não fosse contraposta ao *ti* da física. Mesmo quando o objeto é especificado por meio das qualificações «imóvel e separado», elas adquirem sentido por contraposição a «móvel e separado» e a «imóvel e não separado», que definem os objetos das outras duas ciências. E é significativo que a realidade da existência imóvel

---

5   Ibid., p. 143.

seja expressa hipoteticamente (*ei d'esti tis ousia akinetos,* «se há uma existência imóvel»). A posterior especificação do objeto como «divino» parece, no texto em questão, tão pouco coerente com a referência inicial ao «ente enquanto ente» que Natorp e Jaeger, a partir dela, chegaram a uma descuidada conclusão, segundo a qual a definição da primeira filosofia em Aristóteles é dupla e contraditória, porque pretende manter juntas tanto a ontologia (o ente enquanto ente) quanto a teologia (que remete à argumentação do livro Δ sobre o motor imóvel).

Acolhendo a sugestão de Léon Robin,[6] preferimos traduzir, todas as vezes que o contexto parece demandar, *ousia* por «existência», e não por «substância», não apenas para deixar ao termo sua conexão etimológica com *on* e *einai,* mas também porque a tradução «substância», que Boécio legou à filosofia ocidental, leva a identificar, de modo contrário à intenção explícita de Aristóteles, a *ousia* com a *hypokeimenon,*[7] o «jazente sob».

Em seu ensaio de 1888, *Thema und Disposition der aristotelischen Metaphysik,* Natorp define a *Metafísica* aristotélica não apenas como um «torso» e, como tal, fragmentária e incompleta, mas

---

6   Robin, p. 154.

7   Ao longo do texto, a questão do *hypokeimenon* como "jazente sob" irá retornar nas análises feitas por Agamben a respeito das traduções latinas e modernas do termo, como no próximo capítulo, no que diz respeito ao termo latino *subiectum.* Nas línguas modernas como o italiano e o francês, esse termo é traduzido por *soggetto* e *sujet,* respectivamente. Tais termos, todavia, podem ser utilizados tanto para a noção de *objeto* (como *substrato material,* a *coisa que sustenta qualidades,* o *suporte,* o *objeto,* aquilo sobre o que se discorre, portanto, que também pode estar na condição de *argumento, assunto,* de um texto) como para a de *sujeito.* Contudo, em português, esse não é o caso, de modo que, a depender do modo como é empregado por Agamben, optaremos por traduzir ora por *objeto,* ora por *substrato,* ora por *argumento,* ora por *sujeito.* [N. T.]

como algo que implica uma «contradição inaceitável [*unleidlicher Widerspruch*]»[8] entre uma determinação geral do objeto da filosofia primeira como ser *aplos* e uma determinação deste como um «âmbito determinado do ser» (em última análise, a *ousia* imutável e imaterial da teologia). Segundo Natorp, o tratamento do livro E, que procura conciliar conceitos heterogêneos e que, por isso, ele considera interpolado, «tem como resultado o fato de a ciência filosófica fundamental ser definida, de um lado, como aquela que se ocupa do existente em geral e, ao mesmo tempo, como aquela que tem um objeto particular, ou seja, a substância imóvel e imaterial. Até agora não se compreendeu claramente que essa concepção equívoca (*doppelsinnige*, com duplo sentido) da tarefa da *prote philosophia* comporta uma contradição inaceitável, uma vez que o *on aplos* ou o *on hei on* e o *on ti kai genos ti* são contrários e excluem-se mutuamente. Uma ciência que trata do ente em geral e como tal deve ser superior a todas aquelas que tratam de um âmbito particular; ela não pode coincidir com uma dessas, ainda que fosse a mais importante e eminente».[9] De modo análogo, muitas décadas depois, Pierre Aubenque distingue, no texto aristotélico, uma ciência do existente como existente, que não coincide com a filosofia primeira, e a teologia, que trata da substância eterna e imaterial.[10]

Ainda voltaremos a essa pretensa duplicidade do objeto da filosofia primeira, que terá uma longa descendência na história da filosofia.

3.

Também na *Met.* K (1061 b, 19 ss.), como na passagem sucessiva do mesmo livro (1064 a, 30 ss.), a estratégia é a mesma. Aristóteles procura, aí, demonstrar que há uma só ciência, a filosofia, que trata do ente enquanto ente, enquanto a física estuda os entes não como tais, mas na medida em que participam

---

8   Natorp, p. 49.
9   Ibid.
10   Aubenque, p. 38.

do movimento, e a matemática, na medida em que representam uma quantidade. «A partir do momento em que também o matemático se serve das noções comuns em um sentido particular, também será tarefa da primeira filosofia contemplar os princípios delas [...] a matemática isola determinada parte de sua própria matéria e, dela, faz a teoria, como em relação às linhas, aos ângulos e aos números e a outras quantidades, mas não como entes, e só na medida em que cada um deles é contínuo ao um, ao dois ou ao três. A filosofia, por sua vez, não indaga as coisas particulares como tendo certo atributo, mas contempla [*theorei*], em cada uma delas, o ente como ente. Para a física, vale o mesmo que para a matemática, porque a física estuda os atributos e as causas das coisas porque se movem, e não porque são. Como dissemos, pelo contrário, é próprio da primeira ciência tratar dessas coisas porque seu objeto [*soggetto*] é, e não em qualquer outro aspecto. Devemos então colocar a tese de que tanto a física como a matemática são partes da sabedoria [*mere tes sophias*].»

É evidente que a fórmula «ente enquanto ente» serve aqui, essencialmente, para limitar o objeto da física e da matemática: uma vez que seu tema é o que não pode ser objeto das outras duas ciências teoréticas, a filosofia primeira (aí chamada significativamente de «sabedoria», e não de *episteme*) é o que, por um lado, é resíduo dessa subtração e, por outro, define sua unidade apenas pela posição das outras duas como suas partes.

4.

Também marcada é a contraposição à física nas duas passagens da *Física*. Na primeira (192 a, 35-36), subsequente a uma polêmica com os platônicos, Aristóteles parece acenar ligeiramente a uma definição da tarefa da filosofia primeira:

«Quanto ao princípio segundo a forma [*peri de tes kata to eidos arches*], se é uno ou múltiplo e qual seja ou quais sejam, é tarefa da primeira filosofia defini-lo com precisão; assim, adiaremos isso para o momento oportuno. Mas, quanto às formas naturais e corruptíveis, delas trataremos mais adiante». Também aqui a expressão indeterminada «princípio segundo a forma» se especifica por meio da contraposição às «formas naturais e corruptíveis» que são objeto da ciência física.

A intenção de uma posição de limite em relação à física é ainda mais clara na segunda passagem (194 b, 14--15), que começa com a pergunta «até que ponto [*mechri de posou*] o físico deve conhecer a forma e o o que é? Não acontece como para o médico em relação ao tendão, e para o ferreiro diante do bronze, até que ponto? Com efeito, cada um deles age tendo em vista algo [*tinos* (…) *eneka*]. Sua busca diz respeito ao que é separável pela forma, mas em uma matéria, pois é um homem — e o sol — que gera outro homem. Mas definir como estão as coisas para o separado e o que ele seja, isso é tarefa [*ergon*] da primeira filosofia». A função da primeira filosofia coincide, aqui, com a posição de um limite («até que ponto») à obra do físico. Se ele pode apenas conhecer um *ti,* certa coisa, o filósofo terá, então, de conhecer um não *ti,* uma coisa indeterminada.

5.

Na passagem do *De anima*, a investigação se volta para as afecções da alma — a ira, a ternura, o medo, o ódio etc. —, que são formas contidas em uma matéria (em certo corpo). Nesse sentido, elas são competências do físico, que se ocupa não somente da forma nem apenas da matéria, mas da forma tal como ela é em certa matéria. «Quem […] é então o físico? Talvez quem fala da matéria ignorando a forma? Ou quem fala apenas da forma? Ou não é quem leva em conta ambos? Certamente não é um só que se ocupa das afecções não separáveis e das separáveis, mas o físico se ocupa de todas as operações e afecções na medida em que são de certo corpo e de certa matéria, enquanto o que não é desse gênero é ocupação de outrem, isto é, segundo os casos, um técnico, como o artesão ou o médico. Dessas afecções que não são separadas e são consideradas por abstração como não de certo corpo, ocupa-se o matemático. Quando, pelo contrário, são separadas, delas se ocupa o filósofo primeiro [*ho protos philosophos*]» (403 b, 7-16).

O cruzamento recíproco entre as definições do primeiro filósofo e a do físico, do matemático e do artesão, é aí tão grosseiro que, de forma alguma, é possível considerá-las isoladamente. E certamente não é por acaso que a definição do objeto da filosofia primeira venha por último: nas palavras de Alexandre de Afrodísia, ela pode vir «na ordem» apenas «depois da física».

6.

Em *De coelo* 277 (b, 9-11), a filosofia primeira intervém não só para delimitar-se em face da física, que, nas páginas precedentes, trata da unicidade do céu e de seu movimento, mas também para confirmar sua argumentação: «Ademais, seria possível demonstrar, também por meio de argumentos retirados da filosofia primeira e do movimento circular, que é necessariamente eterno, tanto aqui quanto nos outros mundos». É evidente, mesmo assim, que os argumentos em questão, os quais de forma alguma são especificados, podem integrar aqueles do físico justamente porque é óbvio que se definam como heterogêneos, mesmo que sempre em relação a eles.

7.

Luc Brisson notou que, na passagem de *De motu animalium* 700 b, 4-11, a filosofia primeira parece mencionada como título de um tratado: *en tois peri tes protes philosophias,* «nos [escritos ou nos discursos] em torno da filosofia primeira».[11] Em todo caso, também aí o objeto da filosofia primeira é definido em oposição aos que «ainda devem ser indagados» depois dela: «A propósito da alma e se ela se move ou não, e, se se move, como se move, já falamos nas análises que lhe dedicamos. Visto que, por outro lado, todos os seres inanimados são movidos por outro e, a respeito do primeiro movido sempre movido, de que modo seja movido e como o primeiro o move, já tratamos nos [escritos ou nos discursos] concernentes à filosofia primeira, resta indagar [*loipon esti theoresai*] como a alma move o corpo e qual é o princípio do movimento animal». A tarefa da filosofia primeira — a investigação sobre o primeiro motor — implica a tarefa de uma filosofia segunda — a investigação sobre o movimento animal.

8.

A ideia de uma filosofia segunda está contida na passagem 1004 a, 3-4, da *Met.* Γ, na qual uma filosofia primeira é elipticamente, porém claramente, evocada: «Existem tantas partes [*mere*] da filosofia quantas são as existências [*ousiai*]; portanto, é necessário que haja uma primeira [filosofia] e uma que a siga [*einai tina prote kai echomenen auton*] [...] O filósofo é chamado como o matemático, uma vez que também

---

11   Brisson, p. 49.

essa ciência tem partes, e há uma primeira e uma segunda ciência, e outras sucessivamente, nas matemáticas». A primeira filosofia pressupõe necessariamente uma segunda e existe apenas na medida em que essa também existe.

Em uma passagem que vem pouco adiante (1005 a, 33 – b, 2), Aristóteles acrescenta, no mesmo sentido: «Dado que há um [filósofo] mais alto [*anotero*] que o físico, a pesquisa sobre esses assuntos compete ao teórico que estuda o universal e a primeira existência; também a física é, com efeito, uma sabedoria [*sophia*], mas não a primeira».

A expressão *on hei on*, o existente enquanto existente, é tecnicamente aristotélica. Platão, em um sentido similar, usa sobretudo o sintagma *ontos* ou *alethos on*, isto é, que é verdadeiramente. A tradução do advérbio *ontos* não é fácil, mas certamente traduzi-lo por «realmente», como com frequência se faz, quase sublinhando a realidade objetual, não é correto. Em *Fedro*, no qual a expressão aparece várias vezes, a *ousia ontos ousa* é sem cor e sem forma, e, todavia, justamente a respeito dela há uma verdadeira ciência e conhecimento (uma «*episteme* que é naquilo que é *ontos on*» [247 e, ı]). Na *Sétima carta*, ao «quinto» que é fundamental para Platão, definido como «aquilo que (ou aquilo por meio de que algo) é cognoscível e é verdadeiramente [*gnoston te kai alethos estin on*]», pode-se chegar apenas percorrendo um itinerário pelos outros quatro, que são o nome, o discurso, o existente sensível e a ciência. É provável que Aristóteles tenha pretendido explicar a expressão do mestre, dissolvendo o advérbio *ontos* na iteração «enquanto existente». Em todo caso, o que lhe importa não é apenas a cognoscibilidade, mas, sobretudo, a existência *aplos*, o puro fato do existir de algo, independentemente de suas propriedades particulares. Ou seja, ele retira do elenco platônico o terceiro, o objeto sensível, e apreende-o em sua pura existência, independentemente de suas propriedades; ao mesmo tempo, como inútil duplicação, elimina o quinto (a ideia). O existente enquanto existente é uma espécie de contração do terceiro e do quinto do elenco platônico.

9.

A pesquisa sobre o conceito de filosofia primeira foi induzida a erro pelo amplo estudo que Mansion dedicou ao problema em 1958. A própria formulação do tema do ensaio — se é possível identificar no pensamento de Aristóteles a filosofia primeira com a metafísica — é viciada por um singular anacronismo, uma vez que coloca um conceito de que o filósofo se serve, como vimos, várias vezes em confronto com um termo que, no léxico aristotélico, simplesmente não existe. É ainda mais surpreendente que o autor possa citar, em Aristóteles, «diversas passagens em que estão em questão a metafísica e o metafísico»,[12] e isso sem se dar conta de que, assim, está projetando — segundo o hábito infelizmente não pouco frequente entre os historiadores da filosofia —, no texto que se propõe a interpretar, um conceito elaborado muitos séculos depois. O fato é que ele transforma em categorias sistemáticas a distinção cronológica que Jaeger (e Natorp, antes dele) — em um estudo que, ademais, não deixa de citar — estabelecia entre as diversas concepções a que o Estagirita havia aderido ao longo da evolução de seu pensamento: por um lado, a filosofia primeira, cujo objeto não é outro senão o suprassensível; por outro, a metafísica como ciência do ser enquanto ser.

Segundo Mansion, Aristóteles define, no livro E, a filosofia primeira sobretudo como ciência do separado e do imóvel, cujo objeto por excelência é Deus; uma vez que, todavia, concebe-a poucas linhas depois como uma ciência universal, só podia procurar reconduzi-la à metafísica, «fundando-se na consideração de que a filosofia primeira, tendo como objeto

---

12   Mansion, p. 180.

o ser absolutamente primeiro, deve dar a explicação última de tudo o que é. Nesse ponto, a filosofia primeira, ciência do imaterial, encontra-se assumida de algum modo na metafísica do ser enquanto ser: talvez seja por um escrúpulo de unidade que Aristóteles afirma, sem restrições, mas a custo da exatidão e do rigor, que a filosofia primeira é também a ciência filosófica plenamente universal».[13]

10.

Uma simples releitura da passagem do livro E mostra que a tese de Mansion não tem nenhuma base filológica. Aristóteles não apenas não distingue, de nenhuma forma, a filosofia primeira da metafísica, como, ao contrário, começa definindo-a em relação à matemática e à física, que «se ocupam de certo ente e certo gênero [*on ti kai genos ti*]», dado que ela estuda, sobretudo, «o ser *aplos* e o ente enquanto ente» (1025 b, 9-10). Ou seja, o que aí está em questão são dois modos diversos de considerar a existência do objeto, uma vez como um certo ente com suas propriedades, outra como *aplos*, absolutamente. Decisiva é, aí, a contiguidade entre *on aplos* e *on hei on*: considerar um existente enquanto existente significa considerá-lo absolutamente, sem nenhuma referência a seus atributos particulares: «A filosofia, escreverá na passagem citada do livro K , «não indaga as coisas particulares por terem um certo atributo, mas contempla, em cada uma delas, o ente enquanto ente». Por isso, uma vez que o *on hei on* não é outro objeto, mas é «cada objeto» considerado *aplos*, em sua pura existência, sem outra determinação ontológica, ele pode ser definido como universal e divino (em

---

13   Ibid., p. 209.

1001 a, 23, *on* é definido, junto com *hen*, como «o termo mais universal de todos» [*catholou malista panton*]). Pensar um existente enquanto existente significa, nesse sentido, pensar uma existência primeira e absoluta, e a «filosofia primeira [*prote*] e universal como primeira. E ela contemplará o ente enquanto ente e o que é, e também o que é inerente a ele na qualidade de ente» (1026 a, 7-33). Nesse sentido, definir o *on hei on* como divino não significava, para Aristóteles, de modo nenhum, transformá-lo em um ente particular.

O que Natorp não parece compreender é que, para Aristóteles (e, em geral, para uma mente grega), não há nenhuma «contradição inaceitável» entre o *on aplos* e o *theion*, e que o deus do livro Δ não é um *on ti kai genos ti.* Se tal substância *aplos* é definida separada e imóvel, o é porque apenas uma substância que seja separada tanto da matéria como do movimento pode ser simples e universal, isto é, subtraída à particularidade dos objetos da física e da matemática. Contrariamente ao que pensam os estudiosos modernos, não há, aí, nenhuma oposição entre o ser separado e imóvel (objeto da filosofia primeira ou da teologia) e o existente enquanto existente, objeto de uma metafísica que, para Aristóteles, simplesmente não existe. O objeto da filosofia primeira não é cindido entre ontologia e teologia: o que está em questão é somente uma distinção e, ao mesmo tempo, uma articulação entre a primeira filosofia e as outras duas ciências teóricas, ou seja, a física e a matemática.

É nesse sentido que Aristóteles pode reivindicar como sua tarefa própria colocar a pergunta «antigamente, agora e sempre procurada» (*to palai te kai nyn kai aei zetoumenon*) e «que sempre nos coloca em um beco sem saída [*aei aporoumenon, aporia* é literalmente uma ausência de caminho]: o que é o existente [*ti to on*]?» (1028 b, 3-4), e pode responder: a *ousia,* a existência pura. E, todavia, mais uma vez, a *ousia*, «por meio da qual cada existente existe», define-se negativamente por seu ser não um *ti on*, um certo ente particular, objeto da física e da matemática, mas um absolutamente existente (*ou ti on all'on aplos he ousia an eie* [1028 a, 30]).

Que não há contradição entre a afirmação de que o substrato da metafísica é o existente como tal e defini-la ao mesmo tempo como «ciência divina» é o que Avicena entende com perfeição ao escrever que «com frequência, de fato, são chamadas de acordo com sua parte mais nobre, isto é, a partir da parte que é como seu fim. Portanto, essa ciência seria aquela cuja perfeição e cuja parte mais nobre é o conhecimento do que é em todos os sentidos separado da natureza [isto é, Deus e as substâncias separadas]».[14] Também clara em Avicena é a consciência do nexo que liga a filosofia primeira à matemática, à física e às outras ciências particulares: «A utilidade dessa ciência [a metafísica] está em fazer adquirir a certeza no que concerne aos princípios das ciências particulares e em fornecer a verificação da quididade das coisas que são a elas comuns».[15] Mas que a relação entre a metafísica e as ciências seja tudo menos simples resulta, com todas as evidências, do fato de que Avicena se dá conta de que poderia haver nela um círculo vicioso, a partir do momento em que, como ele pontua, o estudo da física e da matemática precede ao da metafísica. «Com efeito, alguém poderia perguntar: se os princípios da metafísica e da matemática são demonstrados apenas nessa ciência, e, todavia, os problemas dessas ciências [a matemática e a física] se demonstram no interior delas por meio de princípios próprios, haveria um círculo vicioso e se acabaria por demonstrar uma coisa por meio dela própria.»[16] Por isso, Avicena deve conceder que os princípios da matemática e da física são evidentes por si mesmos e, nesse sentido, não têm necessidade, no interior deles, de uma demonstração posterior por meio da metafísica. «É próprio dessa ciência», conclui Avicena,

---

14   Avicena, p. 101.
15   Ibid., p. 98.
16   Ibid., p. 99.

«preceder todas as outras, mas ser, relativamente a nós, posterior a todas as ciências.» E, no entanto, também se seu nome a define como «aquilo que é depois da natureza» (*ma ba'd al-tabi'a*), ela mereceria, caso seja considerada em si mesma, ser chamada «ciência daquilo que é antes da natureza».[17]

É bom limpar o campo dos mal-entendidos produzidos pela acrítica projeção dos conceitos judaico-cristãos de Deus e de teologia sobre a ciência teológica de Aristóteles. Uma cautela filológica elementar mostra que Aristóteles prefere, ao substantivo *theos*, o adjetivo *theion*, o qual aparece com muito mais frequência do que o substantivo, e significativamente também em relação ao comparativo e ao superlativo (*De coelo* 269 a, 31: *ousia theiotera kai protera*; 279 a, 35: *theioteron*; 292 b, 22: *theiotate arke*; *Met.* 982 b, 32: *theiotate kai timiotate*) e em forma adverbial (*Met.* 1074 b, 10: *theios*). A afirmação de Heidegger segundo a qual a filosofia primeira deveria ser chamada mais de teiologia do que de teologia[18] também vale para a ciência teológica aristotélica: não há, em Aristóteles, uma teologia, mas apenas uma teiologia. No mais, Aristóteles não se utiliza do termo *teologia*, mas se limita a chamar a ciência em questão de *theologike*, um adjetivo que implica um «significado técnico-científico».[19] Mesmo quando é nomeado como tal, o deus (*theos*) não designa o ente supremo de uma teologia monoteísta, mas uma aposição ou um predicado que serve para marcar a excelência da *ousia prote* e do *on aplos*. Quando, em *De coelo* (170 b, 5-10), Aristóteles descreve o céu como a *ousia* anterior a todas as coisas, chama-a de «mais divina», porque os homens, «sejam bárbaros ou gregos, designam ao divino um lugar mais alto». E que o divino é simplesmente o adjetivo que mais se acrescenta à primeira *ousia* é algo confirmado, sem nenhuma dúvida, na passagem do livro Δ (1074 b, 1 ss.), no qual Aristóteles, depois de ter afirmado que «o divino abarca toda a natureza», evoca as narrativas míticas em que os deuses têm forma humana e acrescenta: «Se deixamos de lado essas narrativas e tomamos apenas a primeira,

---

17   Ibid., p. 100.

18   Heidegger, 1980a, p. 190.

19   Goldschmidt, p. 142.

isto é, que as primeiras *ousiai* são deuses, então isso deveria ser julgado divinamente dito». Com razão, portanto, no curso de 1926 sobre *Os conceitos fundamentais da filosofia antiga*, Heidegger pode escrever que o *theion*, em Aristóteles, «não tem nada a ver com Deus e com a religiosidade»,[20] mas «é um conceito ontológico neutro».[21]

É significativo que o termo «deus» apareça pela primeira vez na *Metafísica* justamente a propósito da ciência «mais divina», que indaga os princípios e as causas e também é a «única ciência livre» (982 b, 25 ss.): «Com razão, seria possível sustentar que sua aquisição não seja coisa humana, dado que a natureza dos homens é, por muitos aspectos, servil, de modo que, como diz Simônides, 'só deus pode ter esse dom' [...], mas, como diz o provérbio, 'os poetas dizem muitas mentiras' e não devemos sustentar que haja uma ciência mais valorosa [*timioteran*]; a ciência mais valorosa é também a mais divina [*theiotate*]».

11.

O termo «separado» (*choristos*), por meio do qual Aristóteles define o objeto da filosofia primeira, não significa apenas separado da matéria, mas, como mostra *Met.* 1028 a, 34-35, também, e sobretudo, deve ser compreendido em relação à linguagem: «Nenhuma das outras categorias», escreve aí Aristóteles, reconectando-se ao tratado sobre as *Categorias*, «pode ser separada [*outhen choriston*], mas apenas a existência [*he ousia*], que será primeira segundo a linguagem». O caráter primário da *ousia* é afirmado com força em *Cat.* 2 b, 5: «Se não existissem as *ousiai* primeiras, não poderiam existir nem mesmo as outras; todas as outras, com efeito, são ditas com base na suposição daquelas [*cath'hypokeimenon touton*]». Nesse sentido, o tratamento da *ousia prote* nas *Categorias* (que coincide com o dêitico «este homem, este

---

20   Heidegger, 1993, p. 269.
21   Ibid., p. 429.

cavalo») é inseparável do tratamento do mesmo problema na *Metafísica*. Não se pode entender corretamente o estatuto da filosofia primeira em Aristóteles se não se compreende o nexo entre ontologia e linguagem implícito na tese segundo a qual «o ser *se diz* de muitos modos»: antes ainda da multiplicidade de seu dizer-se, essencial é que o ser se diga. Em 1028 a, 10 ss., a *ousia* é assim definida, do ponto de vista da linguagem, como no tratado sobre as *Categorias*: não é aquilo que designamos com um predicado acidental como «bom» ou «branco» (*leukon*) ou «com três côvados de altura [*tripeky*]», mas um substantivo como «homem» ou «deus». O objeto da filosofia primeira se exprime na linguagem nos mesmos termos em que nas *Categorias* se exprime a *ousia,* enquanto outra em relação à quantidade e à qualidade (os exemplos são aí os mesmos que na *Metafísica:* «branco, com três côvados de altura»). E é bom lembrar que a doutrina da *ousia* elaborada nas *Categorias* se funda em uma análise do significado dos nomes («o que se diz sem conexão [*aneu symploke*]»… como «homem, boi, corre, vence»), isto é, do léxico e não do discurso em ato.

Se é possível falar de algo como uma cisão do objeto da filosofia primeira em Aristóteles, ela não deve ser buscada na dualidade de *on* e *theos*, metafísica e teologia, mas na partição fundamental, definida no tratado sobre as *Categorias*, entre as *ousiai protai* e as *ousiai deuterai*, entre o que não se diz sobre um substrato pressuposto (*hypokeimenon*) e não é em um substrato pressuposto e aquilo que se diz sobre um substrato pressuposto e é em um substrato pressu-posto. O primado da filosofia primeira na *Metafísica* corresponde pontualmente ao primado das substâncias primeiras nas *Categorias*, assim como o ser da *Metafísica* corresponde à *ousia* do nome próprio ou do dêitico das *Categorias*.

12.

Que as *Categorias* são uma análise daquilo que se diz sem conexão, isto é, do léxico e não do discurso em ato, é algo reforçado por Aristóteles logo depois de elencar as dez categorias: «Cada um dos ditos em si e por si [*ekaston de ton eiremenon auto men cath'auto*; a tradução corrente, 'cada uma das coisas que são ditas em si e por si', ao introduzir o termo 'coisa', sugere indevidamente que Aristóteles esteja se referindo às coisas, e não também, e sobretudo, às palavras] não se diz em nenhuma enunciação [*kataphasei*, discurso sobre algo], uma vez que a enunciação se produz apenas por meio da conexão [*tei symplokei*] recíproca deles. Toda enunciação é, de fato, ou verdadeira ou falsa; dos ditos sem conexão, nenhum é verdadeiro ou falso» (2 a, 5-10). No *Sofista*, Platão, por sua vez, havia observado no mesmo sentido que «apenas de nomes ditos um em seguida ao outro jamais resulta um discurso [*oudeis po syneste logos*], nem resulta de verbos sem o acompanhamento dos nomes [...] As palavras não manifestam nem uma ação, nem uma não ação, nem a existência [*ousian*] de um ente, nem de um não ente, se não misturam nomes e verbos» (262 c).

Essa divisão fundamental do plano da linguagem corresponde à distinção da linguística moderna entre *langue* e *parole* e entre significação e denotação: um termo não tem um significado no plano do léxico (Aristóteles o chama *logos tes ousias*), mas adquire uma denotação (uma referência real) apenas em um discurso. É importante não esquecer que os gregos eram perfeitamente conscientes dessas cisões, mesmo que disso — e nisso, no mais, não diferentes da maioria dos modernos — nem sempre tenham extraído as conclusões que elas implicam no plano do pensamento.

13.

Benveniste, em um ensaio exemplar, mostrou que as categorias aristotélicas reproduzem as estruturas próprias da língua grega e, portanto, são categorias de língua antes que de pensamento. A primeira categoria, a *ousia*, corresponde assim à classe dos substantivos,[22] que, no mais, os gramáticos antigos chamaram com esse nome próprio em referência à *ousia* aristotélica. No entanto, decisivo é o fato de Aristóteles introduzir, na primeira categoria, a cisão entre *ousiai protai* e *ousiai deuterai*, substâncias primeiras e substâncias segundas, a qual será determinante para a história da metafísica. A cisão é, com efeito, ainda mais problemática à medida que, de algum modo, coloca em questão a divisão do plano da linguagem em léxico e discurso, significação e denotação, sobre a qual se funda o tratado sobre as *Categorias*. Ou seja, a *ousia prote*, exemplificada nesse sentido com «este homem, este cavalo», cinde o plano dos nomes (dos substantivos) conforme eles funcionem como «sujeito último» (*hypokeimenon*, que jaz sob como pre-suposto) em um discurso ou, pelo contrário, sejam predicados de um sujeito: as substância primeiras são ditas substâncias em sentido principal «pelo fato de que são pre-supostas [*hypokeisthai*, funcionam como sujeito] a todas as outras [categorias] e que todas essas se prediquem delas» (2 b, 15). Ou seja, a substância primeira é «o sujeito último [*hypokeimenon eschaton*] que não se pode predicar de outro» (*Met.* 1017 b, 23). As substâncias primeiras definem, assim, de algum modo, o limiar entre a *langue* e a *parole* (entre os nomes e o discurso) e entre a significação e a denotação. Se um substantivo pode ser inserido como sujeito

---

22   Benveniste, p. 82. [Ed. bras.: E. Benveniste, *Problemas de linguística geral I*. Trad. Maria da Gloria Novak e Maria Luiza Neri. São Paulo: Ed. Unicamp, 1991, p. 68.]

último em uma proposição, ele então é «dito *ousia* no sentido mais próprio, e primário, e principal [*kyriotata te kai protos kai alista legomene*]» (2 a, 11). Enquanto esse limiar não é tematizado como tal no tratado sobre as *Categorias*, o problema que ele deixa não resolvido só poderá apresentar-se no tratamento da *ousia* na *Metafísica*.

É o primado da *ousia prote* que Aristóteles colocará em questão em *Met.* 1029 a, 9-12, escrevendo que a determinação da *ousia* primeira nas *Categorias* é «inadequada e obscura» e introduzindo em seu lugar o *ti en einai*. Rudolf Boehm mostrou que essa nova definição da *ousia* introduz, no ser, uma cisão por meio da qual o ser se divide em um existente inessencial (um jacente-ao-fundo inacessível) e em uma essência compreensível, mas inexistente. «Essência e existência acontecem uma fora da outra e, desse modo, rompem uma com a outra no duplo sentido do termo: rompem com a outra e se despedaçam.»[23] O ser das *Categorias* se torna, assim, na *Metafísica*, um passado: «*to ti en einai*, o que *era* [*em*] [para certo ente] ser»; o que se compreende sem dificuldades ao se lembrar de que as categorias são o que se diz sem nenhuma conexão e correspondem, portanto, a uma análise dos nomes, da linguagem como léxico, enquanto, na *Metafísica*, o que está em questão é a linguagem como *logos*, como discurso. Por isso, a pergunta *ti to on* é aporética e deve, a cada vez, ser sempre indagada: se *on hei on* significa «o termo 'existente' porque denota um existente em um discurso», a pergunta sobre a *ousia* em si só poderá ter a seguinte forma: «o que *era* para um certo sujeito [*hypokeimenon*] existir?».

---

23   Boehm, p. 169.

Se, seguindo as análises de Benveniste, interrogarmos a forma linguística que Aristóteles escolheu para sua pergunta sobre o ser, certamente não seria um acaso tratar-se de um particípio (*on*), isto é, de uma forma intermediária entre o nome e o verbo, que deve seu nome ao fato de que participa das características de ambos (Apolônio Díscolo, em sua *Sintaxe*, fala sobre o particípio como a terceira parte do discurso, depois do nome e do verbo, e define-o como a transformação do verbo em uma forma reflexiva, ou seja, em um nome). Talvez seja por sua natureza híbrida que o particípio não figura no elenco das categorias, nas quais os exemplos das formas verbais aparecem no infinitivo (jazer, ter, fazer) e a primeira categoria é representada por um termo que é a substantivação de uma forma verbal: *ousia*, a «essência», isto é, o fato ou a ação de ser (*einai*). Tampouco seria casual que, quando procura definir o que é a *ousia*, Aristóteles não se utilize do particípio, mas do infinitivo: *to ti en einai*, o que era o ser. A pergunta *ti to on*, o que é o ente, é aporética também porque a própria forma em que se exprime é problemática. O *on hei on*, por participar tanto do nome como do verbo, define um limiar de indiferença entre o significado e a denotação.

14.

Essencial para a compreensão do objeto da filosofia primeira é, portanto, um exame das concepções da linguagem nela implícita. Aí, a diferença na colocação do problema do ser entre os modos aristotélico e platônico se mostra em toda sua relevância. Na passagem citada da *Sétima carta*, Platão afirma que não é possível apreender o «verdadeiramente existente» se não são apreendidos os quatro primeiros — a saber, o nome, o discurso, o existente sensível e a ciência —, mas logo toma o cuidado de precisar que é impossível separar, na linguagem, o ser de suas qualidades e propriedades («por meio da fraqueza da linguagem, os primeiros quatro manifestam não menos a qualidade [*to poion ti*] que o ser [*to on*]» [342 e]). O nome não é exceção — aliás, Platão especifica que nele não há nenhuma certeza e nada impede trocar um nome por outro. Pelo contrário, Aristóteles sustenta dispor de uma linguagem que, porque «significa um» (*hen semanei*), está à altura de dizer a *ousia* imediatamente. A demonstração por refutação do mais certo de todos os princípios, o princípio de não contradição, funda-se justamente no fato de que, em última instância, em todo discurso, o nome pode ser levado a um significado. «Não é possível», escreve no livro Γ (1006 b, 10), «pensar algo sem pensar algo de um [*hen*], mas, também se isso fosse possível, seria possível designar um nome a essa uma coisa», e o nome, por fim, significa algo e algo de um (*semainon ti to onoma kai semainon hen* [1006 b, 13]). Se, com efeito, (o nome) significa um, então ele é a *ousia* da coisa («haverá, portanto, algo que significa a *ousia*» [1007 b, 16]). Um fato linguístico — o caráter semântico do nome — serve de fundamento para um teorema ontológico.

Enquanto Aristóteles pode assim interrogar o existente enquanto existente, Platão pensa que não é possível colocar a pergunta sobre o ser sem, ao mesmo tempo, colocar em questão a linguagem na qual a pergunta é posta. Nos termos de Aristóteles, seria possível dizer que ele interroga o «enquanto», o *hei* entre os dois *on* (o existente enquanto é *dito* existente) que Aristóteles, concentrando-se no *on*, deixa sem ser interrogado.

A tese de Bubner segundo a qual «a ontologia é a doutrina da construção daquela realidade que é necessária para o cumprimento de determinadas estruturas linguísticas»[24] é, nesse sentido, certamente correta; todavia, ela deveria ser lida também em sentido inverso, segundo o qual a linguagem é construída de modo tal que permite a

---

24   Bubner, p. 180.

compreensão da realidade. A estrutura de determinada língua histórica não é, com efeito, apenas um dado natural, mas é ela mesma, em boa parte, condicionada pela reflexão filosófica e gramatical, isto é, pelo processo por meio do qual os falantes se tornam progressivamente conscientes do que estão fazendo quando falam e transformam, assim, o *factum loquendi* de uma língua em um instrumento de conhecimento e de domínio sobre a realidade. Ou seja, o que está em questão na filosofia é um incessante corpo a corpo entre o pensamento e a linguagem, no qual nenhum dos dois lados da contenda pode pretender ter saído das razões e das condições que o outro não cessa de lhe impor e propor.

15.

O livro Γ começa com a tese segundo a qual «há uma ciência que estuda [*theorei,* contempla] o existente enquanto existente e as afecções que lhe são inerentes por si só». Essa ciência, ele prossegue, não é idêntica às ciências ditas particulares (*en merei*): «nenhuma delas, de fato, indaga de modo universal o existente enquanto existente, mas, tendo cortado (*apotemomenai*) uma parte dele, estuda seus acidentes, como faz a matemática» (1003 a, 20-26). Aí estão em questão a unidade e, ao mesmo tempo, as divisões — os cortes, as partições regionais — da filosofia como ciência do ser. Com efeito, pouco depois, Aristóteles enuncia um teorema que, a partir do livro de Brentano, tornou-se a insígnia de sua ontologia: *to on legetai pollachos*, «o ser [o existente] se diz de muitos modos, mas em referência a uma unidade e a uma natureza una, mas não de modo homônimo [*pros hen kai mian physin, kai ouch homonymos* (1003 a, 33)]»; Aristóteles chama de homônimas as coisas que têm o mesmo nome e uma definição diversa, e de sinônimas as que têm o mesmo nome e a mesma definição. Ou seja, trata-se, como Alexandre de Afrodísia intui em seu comentário, de definir a unidade especial, nem homônima nem sinônima, que pertence ao ser: «Depois de ter dito que há uma ciência do existente enquanto existente, de seus princípios e de suas causas e de tê-la constituído com o nome 'sabedoria', ele [Aristóteles] mostra como é possível que haja uma ciência única do existente, ainda que o existente seja considerado como homônimo e que, nas coisas homônimas, não possa haver nem uma natureza única, nem uma ciência ou arte únicas e nem um mesmo princípio. Isto é, ele divide as coisas recolhidas sob um termo comum em homônimas, sinônimas e, por fim, nomeadas segundo uma unidade ou algo de uno [*aph'henos tinos e pros hen ti legomena*]».[25] Aristóteles, sugere Alexandre, concebe o existente como algo de meio entre os homônimos e os sinônimos, inserindo entre eles aquelas coisas que considera «em referência a uma unidade e a uma natureza única». A estas não compete nem a identidade em relação ao predicado que define os sinônimos, nem a radical heterogeneidade própria dos homônimos: «mas há, entre elas, certa comunidade, que consiste no fato de que, se elas são o que seu nome exprime, devem isso à existência de certa natureza das coisas que é seu princípio, em relação à qual estão em certo relacionamento [*logon*] e por causa da qual participam do mesmo nome».[26]

Se nos lembrarmos de que Aristóteles, em sua exposição da teoria platônica, havia definido a relação entre as coisas sensíveis e as ideias com a fórmula: «a multiplicidade dos sinônimos é homônima por participação em relação às ideias» (987 b, 10), o que ele está procurando no livro Γ é justamente o estatuto de unidade que, além da homonimia e

---

25   Alexandre de Afrodísia, p. 573.

26   Ibid., p. 571. Cf. Robin, pp. 155-7.

da sinonímia, pertence propriamente ao *on hei on*; e é isso que ele chamará de *ousia*. Ricoeur sugeriu que a unidade em questão é a da analogia, mas isso não simplifica de modo algum o problema, dado que, como foi notavelmente observado, «Aristóteles dedica à analogia apenas um interesse distraído, marginal e, ao menos no contexto analítico, claramente depreciativo».[27] Nenhuma das fugazes definições que Aristóteles dá à analogia (igualdade de relações entre ao menos quatro termos [*Ét. Nic.* 1131, 31]; particular em relação ao particular [*An. Pr.* 69 a, 13-16]; outro em face de outro [*Met.* 1016 b, 34]) de fato se aplica ao existente enquanto existente. Por outro lado, apesar do fato de que, por vezes, pareça falar de gêneros e de espécies, Aristóteles exclui explicitamente que o existente possa constituir um gênero (*Na. Post.* 92 b: *ou gar genos to on*). A única conclusão possível é que a unidade da primeira filosofia permanece até o fim problemática e que sua relação com os «cortes» das ciências particulares não pode ser inequivocamente definida.

É possível, então, que naquilo que os modernos chamam de analogia, no *pros hen* a que se referem os vários significados do ser, esconda-se, na realidade, o problema da cisão originária da *ousia* da qual a metafísica procura sair. Ou seja, o que está em questão no *pros hen* é o puro fato de que o ser se diga, aquém ou além do *pollachos*, dos muitos modos em que ele se diz. Podemos, assim, definir o «uno» ao qual podem ser reconduzidos os múltiplos modos do dizer como o «ser-dito», o mero fato de ter um nome na linguagem. E é evidente que tal ser-dito (o ente enquanto é *dito* ente) não é nem um significado nem uma denotação, não é integralmente

---

27   Melandri, p. 10.

atribuível nem à *langue* nem à *parole*, mas se refere ao estatuto originário da linguagem, aquém ou além da cisão entre sentido e denotação. Como tal, ele jamais pode ser atingido como «uno», não tem um lugar próprio, mas se dá, a cada vez, na multiplicidade dos ditos (*legomena*).

16.

Podemos agora tentar definir com mais precisão o que está em jogo naquilo que se mostra aos estudiosos modernos como a não coincidência, no pensamento de Aristóteles, entre metafísica e filosofia primeira. O que está em questão nessa separação é sobretudo a unidade do conhecimento filosófico, que Aristóteles coloca de modo problemático no início do livro Γ. Se «estudar os entes enquanto entes de fato compete a uma só ciência» (1003 b, 15), ainda assim isso não exclui que essa ciência una se articule, então, em várias espécies (1003 b, 22). E se, na passagem citada acima, afirma-se que existem «tantas partes [*mere*] da filosofia quantas são as substâncias [*ousiai*]», no livro E as três «filosofias teoréticas» — matemática, física e teologia — são articuladas, juntas, segundo uma relação complexa que inclui o primado da teologia e, ao mesmo tempo, a impossibilidade de definir seu objeto, a não ser em relação àquele das outras duas. A filosofia primeira nomeia um espaço epistêmico cuja unidade é, por um lado, abertamente reivindicada e, por outro, incessantemente colocada em questão. E o nexo entre esses dois gestos é tão próximo que foi possível escrever que a filosofia primeira se constitui por diferenciação em relação à física e que, portanto, «o conceito de filosofia primeira é um conceito de filosofia segunda».[28] O

---

28   Guyomarc'h, p. 143.

que a tradição do Ocidente definiu com o nome de metafísica não é tanto uma disciplina autônoma como o lugar em que se decidem os confins entre a filosofia e as outras ciências, com o intuito de assegurar a unidade do saber e, ao mesmo tempo, de governar os confins que nascem das partições internas a essa pretensa unidade.

Se o pensamento ocidental «antes, agora e sempre» apenas colocou a pergunta «o que é o ente?», e se essa pergunta o colocou em um beco sem saída, isso talvez seja porque o objeto da filosofia primeira é, já a partir das *Categorias* aristotélicas, cindido, não é propriamente *um* objeto. No momento em que a *ousia* das *Categorias* cai em um discurso e torna-se «o que era para aquele determinado ente ser [*to ti en einai*]», seu *ergon* só pode ser a posição de uma pluralidade de discursos e saberes, cada um deles definido por um objeto determinado. Ou seja, o problema da filosofia primeira não é a pretensa cisão entre metafísica e teologia, mas sobretudo a íntima partição do conhecimento teorético em ao menos três ciências ou «filosofias». Desse modo, ela se constitui como a dimensão primária em relação à qual as ciências — em particular, a matemática e a física — são *mere*, isto é, segundo o significado original do termo, regiões ou partes atribuídas como destino (*moirai*). A filosofia primeira atribuiu como destino ao Ocidente as ciências físicas e matemáticas e, ao mesmo tempo, no mesmo gesto, escavando por meio dessa destinação um objeto tanto residual como problemático, colocou-se como soberana (*kyriotate* [1064 b, 1]) em relação a elas.

Na cultura ocidental, está em curso uma *palaia diaphora* não apenas, como alegava Platão (*Rep.* 607 b), entre a filosofia e a poesia, mas sobretudo entre a filosofia e a ciência, cujo início coincide com a posição aristotélica da filosofia primeira. Não causa surpresa, então, que a unidade do saber ocidental — desde o início, incerta e ameaçada — tenha chegado a uma ruptura cuja gravidade mal começamos a mensurar. A articulação do conhecimento teorético, que pretendia manter a unidade por meio de uma tripartição que assegurava à filosofia uma soberania sobre as outras ciências, revelou-se precária, talvez justamente porque perseguia, a todo custo, uma coerência inexistente. De fato, certamente teria sido possível outro estabelecimento das fronteiras, as quais, separando mais nitidamente e com clareza os âmbitos respectivos e renunciando eventualmente a pôr-se como ciência, teriam assegurado tanto à filosofia como às ciências não soberania ou dependência, mas uma plena e recíproca autonomia. A filosofia, querendo assegurar seu primado sobre as ciências e, ao mesmo tempo, designando-as como destino ao Ocidente, acabou, em vez disso e sem se dar conta, por colocar-se como subserviente a elas, e, depois de ter sido por muito tempo considerada como *ancilla theologiae*, agora é, com toda evidência, simplesmente uma impotente *ancilla scientiarum*.

Capítulo segundo
A filosofia dividida

1.

O termo «metafísica», em sua forma latina, *metaphysica*, foi inventado por Domenico Gundissalino (ou Gundisalvo, *circa* 1110-1190), um personagem de cuja vida sabemos pouco, mas que desempenhou uma função singular na história da filosofia como tradutor do árabe de Ibn Gabirol, de al-Farabi e, sobretudo, da seção metafísica do *Kitáb ash-Shifá'*, de Avicena (com o título *Liber de philosophia prima*, em colaboração, segundo a prática dos tradutores toledanos, com um judeu, Avendauth). Seu gesto é ainda mais decisivo, uma vez que, até aquele momento, a expressão *ta meta ta physika* era usada apenas para designar uma obra de Aristóteles, enquanto a disciplina correspondente era comumente designada como «teologia». Assim, Boécio, que em seus comentários usa quatro vezes a expressão como referência bibliográfica, quando deve designar a disciplina correspondente se serve, pelo contrário, da expressão «ciência teológica». «Existem três partes da ciência especulativa», escreve no *De Trinitate* (cap. II), «a *naturale*, que se ocupa das coisas não abstratas [*inabstracta*], isto é, as formas dos corpos com a matéria, que não pode ser separada em ato dos corpos [...], a *matematica*, que se ocupa das coisas sem movimento, mas não abstratas [...], a *teologica*, que se ocupa das coisas sem movimento e abstratas e separáveis, uma vez que a substância de Deus não tem matéria nem movimento.» Também os autores árabes usam, para o livro, a transliteração *matâtâfusîqâ* ou a tradução literal «o que é depois da natureza» e chamam, por sua vez, a matéria correspondente de *al-'ilm al-ilâhî*, isto é, «ciência das coisas divinas».[29] Se, em alguns manuscritos de Abelardo, a fórmula *meta ta physica* é abreviada como *meta physica*, no entanto a expressão se refere sempre ao livro de Aristóteles.

É no Prólogo a *De divisione philosophiae*, o qual Gundisalvo abre com um elogio ao bom tempo antigo («feliz a idade antiga, que produziu tantos sábios, similares a estrelas que iluminam as trevas do mundo»), que o termo *metaphysica* aparece discretamente como sinônimo de filosofia primeira e, com uma inesperada inversão da ordem aristotélica, como «terceira», depois da física e da matemática: «A primeira parte da divisão é chamada de ciência física ou natural, que é a primeira e ínfima; a segunda se chama ciência matemática ou disciplinar, que é a média; a terceira se chama teologia ou ciência primeira, ou filosofia primeira, ou metafísica [*tercia dicitur theologia sive sciencia prima sive philosophia prima sive metaphysica*]».[30] Mais adiante, os nomes filosofia primeira e metafísica são explicados assim: «É chamada de filosofia primeira, pois é a ciência da primeira causa do ser, e também é chamada causa das causas, porque nela se trata de Deus, que é causa de tudo. Também é chamada de metafísica, isto é, depois da física [*post physicam*], porque trata do que é depois da natureza [*de eo quod est post naturam*]».[31] Essa posterioridade (*posteritas*) da metafísica em relação à física não se refere à própria ciência, mas à ordem de nossa faculdade

---

29   Fidora, p. 695.

30   Gundisalvo, p. 15.

31   Ibid., p. 38.

cognitiva: «considerada em si mesma, essa ciência deveria sobretudo ser chamada de 'anterior à natureza' [*ante naturam*], pois o que ela essencialmente indaga como ciência é anterior à natureza».[32]

2.

A definição da filosofia primeira como ciência na qual se trata de Deus (*quia in ea agitur de Deo*) parece contradizer o que Gundisalvo havia escrito pouco antes, especificando que a matéria dessa ciência não é Deus, mas «aquilo que é de tudo mais comum e evidente, isto é, o ente»[33] A contradição se resolve ao menos em parte, considerando que a primeira definição estava contida na explicação do nome da metafísica (*quare sic vocatur*), enquanto a segunda se refere à sua matéria. Repetindo uma tese de Avicena, Gundisalvo afirma aí que aqueles que colocaram como matéria da metafísica Deus se enganaram, porque, «segundo o que diz Aristóteles, nenhuma ciência pode indagar [a existência de] sua matéria, enquanto nessa ciência se indaga se Deus existe. Portanto, Deus não é sua matéria».[34] Todavia, a contradição não desaparece, porque, a propósito do gênero ao qual atribuir a ciência primeira, Gundisalvo afirma sem reservas que, dado que se ocupa do que é separado da matéria e do movimento, ela «trata da causa das causas e do princípio dos princípios, que é Deus».[35] Foi sugerido que ele provavelmente procurava sair de uma aporia já presente em Aristóteles, que afirma várias vezes que o ente não é um gênero e, no entanto, parece

---

32   Ibid.
33   Ibid., p. 37.
34   Ibid., pp. 36-7.
35   Ibid., p. 36.

implicar que toda ciência tenha um gênero pressuposto (*genos ypokeimenon*) (*An. Post.* 75 a, 42), e, em *Met.* 1026 a, 21, define o objeto da filosofia primeira como o «gênero mais honrável [*timiotaton genos*]». Mais uma vez, a cisão do objeto da filosofia primeira não está tanto entre o ente e o divino como tais, mas muito mais entre os vários significados do termo *on* e o *pros hen*, a unidade a que eles analogicamente se referem. Se, segundo *Met.* 1016 b, 34, é possível chamar de analógica a unidade entre elementos que não pertencem ao mesmo gênero, essa unidade não é, com isso, de modo algum, definida.

3.
É importante refletir sobre o título do livro, que toma como certo que a filosofia é constitutivamente dividida em partes. O *incipit* dos manuscritos é, quanto à essencialidade dessa partição, decididamente eloquente: *Incipit liber de divisione philosophie in partes suas et parcium in partes suas secundum philosophos.* E que essa divisão implica, ao mesmo tempo, o primado hierárquico da filosofia é algo enunciado com força no teorema «não há nenhuma ciência que não seja uma parte da filosofia [*nulla est sciencia que philosophie non sita aliqua pars*]»:[36] a filosofia não só é constitutivamente compartilhada, mas, nessa partição, não estão compreendidas apenas a física e a matemática, mas, de algum modo, todas as ciências. Todo saber é parte do conhecimento primeiro (ou último), ao qual pertence «tudo o que ilumina a alma humana no conhecimento da verdade e a inflama no amor do bem».[37] Por isso, o tratado

---

36   Ibid., p. 5.
37   Ibid.

sobre a *Divisão da filosofia* inclui uma análise de todas as ciências e artes, da gramática à medicina, da astronomia à música, que, se não são tecnicamente partes da ciência do ser, estão «sob a ciência que trata do ser [*sub sciencia, que tractat de ente*]».[38]

O primado da metafísica sobre as outras ciências se funda, de fato, em sua capacidade de certificar os princípios delas. «Dado que os princípios das ciências não são em si manifestos, é necessário que se manifestem em outra ciência, seja particular como ela mesma ou em uma delas, mais comum. Desse modo, chega-se, ao fim, sem dúvida, à ciência que é mais comum que todas as outras. Portanto, os princípios das outras ciências deverão ser certificados [*certificientur*] por essa ciência [...] a filosofia primeira é a mais comum de todas as ciências particulares por causa da comunidade de seu argumento.»[39]

No momento em que recebe o nome que não se separará mais dela, a filosofia primeira de Aristóteles, já tornada metafísica, continua a ser definida por uma íntima cisão e, ao mesmo tempo, pela incondicionada pretensão de soberania sobre as outras ciências.

4.

A tradução em latim das obras de Avicena e de Averróis coincide com a divisão da filosofia primeira em dois campos, conforme seu objeto seja *ens*, como afirma Avicena, ou Deus e as inteligências separadas, como sustenta Averróis. A oposição entre ontologia e teologia que os modernos têm projetado no texto de Aristóteles parece encontrar, aí, sua

---

38   Ibid., p. 129.
39   Ibid., pp. 129-130.

formulação mais radical. É suficiente, todavia, considerar as argumentações de cada autor para constatar que não se trata de modo algum de uma alternativa peremptória, na qual os dois termos se excluem mutuamente. Tomás, como seu mestre Alberto Magno, pertence àqueles que afirmam, com Avicena, que o *subiectum*[40] da metafísica é o ente enquanto ente, e não Deus. Ao ler seu comentário ao *De Trinitate*, de Boécio, no entanto, descobre-se que não só Deus não é excluído da metafísica, mas que, antes, o conhecimento de Deus constitui seu fim próprio. De fato, toda ciência deve pressupor como dado seu objeto, ao qual todos os objetos podem ser levados ou por meio de uma dedução da causa conhecida aos efeitos ignorados (*propter quid*), ou por meio de uma dedução dos efeitos conhecidos à causa desconhecida (*propter quia*). Mas, dado que nosso intelecto se relaciona com as coisas divinas como os olhos da coruja com a luz do sol (*ut oculus noctuae ad lucem solis*), podemos chegar ao conhecimento das coisas divinas apenas pelo segundo modo. Por isso, os filósofos podem tratar das coisas divinas não como do objeto de sua ciência, mas apenas na medida que elas são o princípio desconhecido dos entes de que se ocupa a ciência do ente enquanto tal. Por isso, a ciência divina é dupla: «uma ciência na qual se consideram as coisas divinas não como objeto da ciência, mas como princípio do objeto, e essa é a teologia de que se ocupam os filósofos, que também se chama metafísica. A outra ciência, que considera as coisas divinas em si mesmas como objeto da ciência, é a teologia que é transmitida pela sagrada escritura» (*In Boeth. De Trinitate*, v, 4).

---

40   Sobre o uso do termo *soggetto,* que, nesse ponto, é crucial no argumento de Agamben, conferir a nota 7. [N.#T.]

João de Paris, dito Quidort («o dormente», *qui dort*) — um autor indubitavelmente original, que arriscou uma condenação por ter colocado em dúvida a doutrina da transubstanciação —, começa distinguindo entre o objeto (*subiectum*) e a matéria (*materia*) de uma ciência: «É possível chamar de matéria de uma ciência tudo aquilo de que nela se trata e se define, enquanto se chama objeto apenas aquilo de já conhecido».[41] Portanto, Deus não pode ser objeto da metafísica, porque ela não pode pressupô-lo como conhecido, mas o busca a partir das criaturas; pode ser, no entanto, pensado como uma parte de seu argumento [*soggetto*], isto é, do ente. «O argumento da metafísica», conclui de forma audaz Quidort, «é, portanto, superior ao argumento da teologia», mesmo que seja preciso acrescentar, com cautela, que, «apesar disso, a teologia não é subalterna à metafísica».[42]

Em Duns Escoto o problema do duplo objeto da metafísica encontra sua formulação crucial. Ele começa evocando as duas posições opostas, de Avicena e Averróis, para concluir: *neutrum probo*, não estou de acordo nem com uma, nem com a outra. As razões dessa «neutralidade» são tão complexas que Escoto, depois de ter indagado em que medida seria possível considerar Deus como argumento [*soggetto*] da metafísica, como quer Averróis, parece, pelo contrário, afirmar com Avicena que o argumento [*soggetto*] da metafísica não pode ser Deus, mas apenas o ente enquanto ente.

Como Tomás, ele afirma que o substrato [*soggetto*] de uma ciência pode ser objeto de um conhecimento *propter quid* ou *propter quia*, isto é, procedendo dos efeitos à causa. Uma dedução *propter quid* em relação a Deus não é possível,

---

41 Zimmermann, pp. 236-7.
42 Ibid.

uma vez que o intelecto humano não pode conhecer Deus por meio de uma causa que lhe fosse anterior («Deus possui tal metafísica», escreve Escoto, «ou poderiam, talvez, tê-la os anjos, caso se encontrassem na condição terrena há muito tempo»).[43] O único conhecimento possível é *propter quia*, e é justamente segundo tal paradigma que Escoto considera, mais uma vez, contra Avicena, a possibilidade de que Deus seja objeto [*soggetto*] da metafísica. Mas, também nesse caso, no qual se remonta dos entes a Deus, o conhecimento dos entes como tais é necessariamente anterior àquele que os conduz a Deus. À metafísica que tem Deus como objeto [*soggetto*] deverá preceder «outra metafísica» (*alia metaphysica*), que tratará dos entes enquanto entes. A metafísica pode se colocar como ciência do ente enquanto ente apenas com a condição de pressupor e, ao mesmo tempo, transcender as outras ciências, que agora se tornam três, isto é, além da matemática e da física, também a teologia (ou melhor, a metafísica que tem como objeto [*soggetto*] Deus). A filosofia primeira se torna, assim, constitutivamente, *scientia trascendens*, tanto no sentido de que ela tem como objeto, como veremos, os predicados transcendentais quanto porque se define constitutivamente por meio de seu transcender as outras ciências especiais: *ita metaphysica transcendens est tota prior scientia divina, et ita essent Quatuor scientiae speculativae, uma transcendens et tres speciales.*[44] Mais uma vez, a metafísica se define sempre em relação a outros saberes «especiais», os quais, ao mesmo tempo, supera e pressupõe.

---

43   Duns Escoto 1891-1895, p. 32 a, n. 40.
44   Ibid., p. 36 a, n. 47.

Capítulo terceiro
Crítica do transcendental

*Metaphysicus est artifex universalis
et trascendens
atque primus philosophys per se
passiones
entis in quantum ens inquirens.*
Nicolaus Bonetus, *Metaphysica*

1.
A partir do século XIV, o conceito de metafísica sofre uma transformação cujas consequências para a história do pensamento ocidental ainda não foram totalmente avaliadas. Essa transformação, que coincide com a invenção dos termos transcendentais — e, em particular, com a emergência do transcendental (ou supratranscendental) *res* —, tem como efeito um deslocamento do objeto da filosofia primeira do existente à representação, da esfera do ser à do conhecimento (ou, como dirão Henrique de Gante e outros depois dele, do *objectum*, o objeto real, ao *objectivum*, o puro correlato de todo ato de conhecimento, independentemente de sua existência fora da mente). Consequentemente, modifica-se também a relação entre a metafísica e as outras ciências, a qual procuramos reconstruir em Aristóteles. Se a metafísica já não delimita um âmbito do ser, o mais amplo e comum,

do qual as ciências recebem uma região, mas uma esfera do conhecimento, a mais genérica e indeterminada, tanto mais se reforça a autonomia dos saberes que substituem esse conhecimento vazio de objetos por operações eficazes e conteúdos determinados.

Costuma-se identificar o primeiro tratamento dos transcendentais, que terá uma descendência muito tenaz na história da filosofia não só até Kant, na *Summa de bono*, de Filipe o Chanceler (*circa* 1230). Na realidade, o termo *transcendens*, que os filósofos medievais constantemente usarão, falta no texto; mas, já no Prólogo, logo depois de ter enunciado o tema do tratado (*de bono autem intendimus, principaliter quod ad theologiam pertinet*), Filipe evoca os futuros transcendentais na ordem que permanecerá constante: «os [termos] mais comuns [*communissima*] *são* estes: ente, uno, verdadeiro, bom [*ens, unum, verum, bonum*]».[45] Pouco depois, a unidade, a verdade e a bondade são definidas como «as três condições concomitantes do ser. A primeira delas é a unidade, a segunda a verdade, a terceira a bondade» (*dicendum quod sunt tres conditiones concomitantes esse: unitas, veritas, bonitas*). O fato é que, prossegue o autor, «toda essência tem três condições que acompanham seu ser uma vez que existe a partir do primeiro ente [*quae concomitantur esse eius secundum quod est a primo ente*]».[46]

Filipe é mais um compilador do que um pensador original. As noções por meio das quais ele caracteriza suas «condições» — a comunidade e a concomitância — derivam da *Metafísica* de Avicena (*ens, res* e *aliquis* são aí definidas «comuns a todas as coisas [*communia (…) omnibus rebus*]»

---

45   Pouillon, p. 42.
46   Ibid., p. 43.

e «concomitantes [*comitantia*] entre si»), a cuja importância fundamental para a elaboração da doutrina escolástica dos transcendentais voltaremos. Entretanto, essencial é que estejam presentes ambas as características que definirão os transcendentais: o fato de serem os termos mais gerais e comuns a todas as coisas e o de serem inseparáveis do ser ao ponto de quase coincidirem com ele. A escolástica especificará que tais termos são chamados transcendentais porque transcendem cada uma das categorias de Aristóteles, e o termo técnico para definir sua relação recíproca não será mais a concomitância, mas a conversibilidade: *ens, unum, verum, bonum* se convertem (*convertuntur*) um no outro. Dizer *ens*, dizer que algo é, significa também dizer que é uno, verdadeiro e bom, assim como dizer uno, verdadeiro e bom significa, ao mesmo tempo, referir-se a um existente.

A primeira aparição do termo *trascendentia* está no comentário ao *Peri hermeneias*, de Giovanni Pago (escrito entre 1231 e 1235), que menciona como *nomina trascendentia aliquid et unum, res et ens*, e na *Summa theologica*, de Rolando de Cremona (*circa* 1244), na qual figuram em ordem *ens, unum, aliquid* e *res*.[47] Em ambos os casos, o elenco acrescenta a dois termos presentes em Filipe o Chanceler (*ens* e *unum*) a "coisa" e o "algo". Mas, já em Tomás, aos quatro termos registrados por Filipe (*ens, unum, verum, bonum*), são acrescentados *res* e *aliquid*. O capítulo II do tratado *De natura generis* (tradicionalmente atribuído a Tomás) começa com as palavras: *sunt autem sex transcendentia, videlicet ens, res, aliquid, unum, verum, bonum: quae re idem sunt, sed ratione distinguuntur*.

O léxico do século XIV que leva o título significativo de *Esclarecimento dos termos difíceis* (*Declaratio difficilium terminorum*),

---

47   Ventimiglia, pp. 219, 214.

a propósito do termo *transcendens* (exemplificado em *ens, res, unum, aliquid, verum et bonum*), afirma que se trata «daqueles nomes que exprimem o modo do ente que é inerente de maneira geral a todo ente» e acrescenta que «transcendente significa, por assim dizer, além de todo ente [*quasi trans omne ens*] ou também que ultrapassa todo ente [*transiens omne ens*]».[48] Isso é possível de ser entendido a respeito da existência, e então se diz transcendente Deus, «porque pela nobreza da existência atual transcende todo ente»; mas o léxico tem o cuidado de especificar que não é esse o sentido em que se usa comumente o termo, que se refere sobretudo ao caráter comum da predicação (*a praedicationis communitate*) e designa «o que se pode predicar de todo ente». Foi sugerido que, porque se situa no plano da significação, que leva a seu limite extremo e mais geral, a transcendência que aí está em questão é uma «transcendência semântica», mas tendo de apontar que «semântica» deve ser compreendida a partir da cisão entre significação e denotação. É a tal cisão, com efeito, que podem ser conduzidas tanto a oposição entre os dois significados do termo *trascendens* na *Declaratio* quanto, de modo mais geral, aquela entre o ente enquanto ente e Deus como objetos da filosofia primeira.

2.

O fundamento da doutrina medieval dos transcendentais está em Aristóteles. Na *Metafísica* (1003 b, 22 ss.), pouco antes da demonstração por refutação do princípio de não contradição, lê-se que «existente [*to on*] e uno [*to hen*] são idênticos e têm uma só natureza, por causa da derivação um do outro [*akolouthein allelois* — é o verbo que os escolásticos traduzirão por *converti*] [...] com efeito, *um* homem [*eis anthropos*] e homem ou um homem existente [*on anthropos*] e homem são a mesma coisa e a duplicação da locução 'é um homem' e 'é um homem existente' não manifesta nada mais». No livro K

---

48 Armando de Belloviso, p. 319.

(1061 a, 15-17), Aristóteles acrescenta que «não faz diferença se a referência [*anagogen*, o trazer de volta que os medievais traduzirão como *reductio*] do ente se produz em relação ao ente ou ao uno [*pros to on e pros to hen gignesthai*]; com efeito, mesmo que [os termos] não sejam os mesmos, de algum modo, de fato, o uno se inverte [*antistrephei*, literalmente, gira em sentido contrário — os medievais traduzirão como *converti*] no ente e o ente é uno [*to te on en*]». E, na *Ética a Nicômaco* (1096 a, 24), também sobre o bem (*agathon*), afirma-se que «se diz do mesmo modo do ente» (*isachos legetai toi onti*).

Já foi oportunamente observado[49] que isso não significa que haja, em Aristóteles, uma doutrina sistemática dos transcendentais, e que nenhum texto aristotélico permite colocar o uno e o bem no mesmo plano do ente como objeto da filosofia primeira. De modo não menos pertinente, todavia, notou-se que «o conceito aristotélico de *akolouthein*, e ainda mais o de *antistrephein*, abrem, sobretudo e claramente, o caminho para a noção escolástica de conversibilidade».[50]

3.

O ingresso da «coisa» na filosofia primeira e naquela que se tornará a doutrina dos transcendentais tem seu lugar tópico em Avicena. Em uma passagem da *Metafísica* que será constantemente comentada pelos filósofos medievais, ele havia afirmado que «coisa» (*res*; em árabe: *shay*) e «ente» (*ens*) são originários e imediatamente conhecíveis (na tradução latina: *statim imprimuntur in anima prima impressione*), comuns a todas as coisas (*communia* [...] *omnibus rebus*) e não deriváveis de outras noções mais notórias (*quae non*

---

49   Aubenque, p. 204.
50   Courtine, p. 347.

acquiritur ex aliis notioribus se) e, portanto, não definíveis, a não ser de modo circular (*nullo modo potest manifestari aliquid horum probatione quae non sit circularis*). «De que modo, com efeito», ele pergunta ironicamente, «será possível conhecer 'a coisa', a partir do momento em que tudo pode ser conhecido apenas por meio dela?»[51]

Se os dois conceitos, «ente» e «coisa», são extensivamente idênticos, eles diferem, todavia, intencionalmente, isto é, segundo o modo de significar: enquanto «ente» diz respeito às coisas consideradas enquanto existentes, «coisa» se refere sobretudo à sua essência. «Toda coisa», escreve Avicena, «tem uma essência [árabe: *haqiqa*; latim: *certitudo*] por meio da qual é o que é, como o triângulo tem uma essência que o define como triângulo e a brancura uma essência que a define como tal.»[52] Assim, ele forja, a partir de *shay*, o termo *shay'iyya*, «coisalidade», que, por um erro de comunicação entre Domenico Gundissalino e Avendauth, que lhe traduzia oralmente do árabe ao espanhol, em latim foi deixado como *causalitas*, em vez de *realitas*, ou como o neologismo «cosalitas». Talvez também por causa desse erro de tradução, a coisa é, no pensamento de Avicena, um termo ambíguo, por um lado designando a impressão primordial da qual nasce todo conhecimento, e, por outro a essência ou aquilo que os latinos chamarão de *quidditas* (o «o que é»),[53] quase como se a «coisa» precedesse à distinção entre essência e existência e, ao mesmo tempo, fosse de alguma maneira parte dela. De fato, Avicena se dá conta de que

---

51   Avicena, pp. 106-7.
52   Ibid., p. 108.
53   Em italiano, «o que é?» é sempre expresso com «*che cos'è*», ou seja, o termo *coisa* está na construção nessa forma interrogativa. [N. T.]

«coisa» não é apenas o que «por primeiro se imprime na alma», mas também aquilo que está na base de toda enunciação verdadeira (na tradução latina: *res est res* — note-se a inevitável tautologia: a coisa é a coisa — *de qua vere potest aliquid enuntiari*).[54] Nesse sentido, ela é pressuposta e, desde sempre, incluída não apenas em toda enunciação, mas também em toda definição — necessariamente circular — que dela se queira dar. E, no entanto, ainda que a distinguindo, nesse sentido, do ente, ele pode afirmar que a coisa não é separável da existência, «porque a inteligência do ente a acompanha constantemente».[55]

Como Gilson sugeriu, o que Avicena pretende afirmar «é a existência de um transcendental, isto é, de um universal mais universal do que as categorias».[56] A hipótese que, já nesse ponto, é possível formular é que *res,* a «coisa», nomeia, em uma cultura que ainda não pode tematizar o problema da linguagem como tal, a pura intencionalidade da linguagem, isto é, o fato de que todo enunciado se refere a algo, independentemente de sua existência factual ou, de algum modo, antes da distinção entre a existência na mente ou na realidade («a coisa», escreve Avicena, «pode ter o ser no intelecto e não na realidade externa» [*potest res habere esse in intelecto et non in exterioribus*]).[57] Consideremos a passagem citada, na qual Avicena define a essência (*haqiqa*): «toda coisa [*unaquaeque res*] tem uma essência por meio da qual é aquilo que é»; a «coisa» é, aqui, de acordo com todas as evidências, pressuposta à essência que a define, mas isso não é porque ela

---

54   Avicena, p. 108.
55   Ibid.
56   Gilson, p. 114.
57   Avicena, p. 108.

designa o objeto de uma percepção, mas porque, ainda antes da distinção entre essência e existência, nomeia o correlato intencional da linguagem. É significativo, nesse sentido, que os escolásticos venham a utilizar expressões como *existentia rei* e *essentia rei* sem se perguntarem sobre o estatuto de ser que a *res* tem em tais formulações, dado que tanto a essência quanto a existência se referem a ela.

Avicena é, mais uma vez, de algum modo, consciente dessa ambiguidade quando, ao concluir a passagem citada, escreve: «Agora, portanto, compreendeu de que modo diferem aquilo que se entende por ser [*esse*] daquilo que se entende por algo [*aliquid*], ainda que essas duas noções sejam concomitantes [*comitantia*]. A mim foi relatado que existem alguns que dizem que algo é algo, mesmo que não tenha existência, e que 'algo' é a forma de uma coisa, que não é uma coisa e que nem é nem não é, e que isso tem um significado diferente em relação ao que significa 'coisa' [*res*]. Esses, todavia, não fazem parte daqueles que entendem».[58] Segundo todas as evidências, Avicena procura afirmar aí a diferença entre a coisa e o ente e, ao mesmo tempo, excluir que a coisa possa ser reduzida, como ensinava o *kalam* mu'tazila, a algo não existente ou ao puro objeto em geral do conhecimento.

Com justiça, já foi observado[59] que a distinção entre «ente» e «coisa» não corresponde, em Avicena, e contrariamente à interpretação prevalente entre os intérpretes medievais e modernos, à diferença entre a existência e a essência, mas àquela entre o que é objeto de um discurso (*de qua vere potest aliquid enuntiari*) e aquilo sobre cuja existência se afirma. O fato é que, se nossa hipótese está correta, àquilo

---

58   Ibid., p. 110.
59   De Libera, p. 583.

que a «coisa» designa — isto é, a própria intencionalidade da linguagem, o correlato de todo nome e de toda intelecção — é constitutivamente inerente uma unidualidade anterior à distinção entre essência e existência, unidualidade da qual a tradição da filosofia se obstinará, por séculos, a extrair tal distinção. O ser é desde sempre cindido, e é dessa cisão originária que a filosofia procura sair.

No início de *De ente et essentia,* é nesse mesmo sentido que Tomás encontra, no termo *ens,* uma duplicidade constitutiva. De fato, *ens* se diz de dois modos diversos (*ens per se dicitur dupliciter*), o primeiro se referindo à realidade, e o segundo, à linguagem: «No primeiro modo», ele escreve, «*ens* pressupõe uma existência na realidade [*primo modo non potest dici ens, nisi quod aliquid in re ponit*]; no segundo, pelo contrário, diz-se *ens* tudo aquilo acerca de que se pode formar uma proposição afirmativa [*potest dici ens omne illud de quo afirmativa propositio formari potest*]». Tomás especifica, todavia, que o termo «essência» se diz apenas no primeiro modo, isto é, em referência a uma substância existente (*sumitur essentia ab ente primo modo dicto. unde Commentator in eodem loco dicit quod ens primo modo dictum est quod significat substantiam rei*).

4.

A interpretação da diferença entre ente e coisa em Avicena, nos termos da diferença ontológica entre existência e essência, é evidente na passagem do *De veritate* (q. I, art. I), na qual Tomás elabora sua doutrina dos transcendentais. «Não existe nada que se diga afirmativamente de maneira absoluta que possa ser atribuído a todo ente, a não ser sua essência, segundo a qual ele se diz ser; desse modo, impõe-se o nome 'coisa' [*res*], o qual difere de 'ente', segundo a afirmação de Avicena no início da *Metafísica,* naquilo que este se refere ao ato de ser [*ens sumitur ad actum essendi*], enquanto o nome 'coisa' exprime a essência ou a quididade do ente [*nomen rei exprimit quidditatem vel essentiam entis*].» Quanto ao termo «uno», continua Tomás, ele exprime a negação que é inerente, de modo absoluto, a todo ente, isto é, seu ser não dividido: «e é isso que é expresso pelo nome 'uno', uma vez que 'uno' nada mais é que o ente indiviso». Se então se considera o ente enquanto dividido dos outros, «isso é expresso pelo nome 'algo' [*aliquid*]: com efeito, *aliquid* significa quase um outro *quid* [*dicitur enim aliquid quase aliud quid*], pelo qual, assim como o ente é dito 'uno' enquanto é, por si mesmo, indiviso, diz-se 'algo' quando se é dividido dos outros».

No escrito sobre as *Sentenças* (*Super librum Sent.* II, d. 37, q. I, art. I), Tomás, jogando com os dois significados do verbo *reor* (averiguar e pensar), distingue, na própria noção de «coisa» compreendida como essência, dois sentidos diversos: o primeiro se refere ao ente como uma coisa existente na natureza, e o segundo, apenas à sua cognoscibilidade, isto é, como algo que pode ser objeto de conhecimento, independentemente de sua existência na natureza. «O que significa simplesmente aquilo que tem uma existência averiguada e confirmada na natureza [*quod habet esse ratum et firmum in natura*]; e se diz desse modo, usando o nome 'coisa' na acepção de certa quididade ou essência [...] como faz Avicena ao distinguir o significado de ente e coisa. Mas, uma vez que a coisa é, por sua essência, cognoscível, o termo 'coisa' foi deslocado para significar tudo o que pode acontecer na consciência ou no intelecto [*omne id quod in cognitione vel intellectu cadere potest*], no sentido em que *res* deriva de *reor, reris* [eu penso, tu pensas]. Desse modo, são chamadas as coisas da razão que não têm uma existência averiguada na natureza [*quae in natura ratum esse non habent*].» No primeiro livro da mesma obra (I, d. 25, q. I, art. 4), a distinção entre a essência e a existência, que está em questão no termo «coisa», é ainda mais claramente afirmada. Coisa difere de ente, porque nela convivem de forma ambígua dois significados — a coisa enquanto é pensada e a coisa enquanto existe: «Pois a quididade pode consistir tanto em um singular que existe fora da alma como na alma enquanto é compreendida pelo intelecto, por isso o termo 'coisa' se refere a ambos, seja àquilo que está na alma, no sentido em que deriva de *reor, reris*, seja àquilo que existe fora dela, no sentido em que se diz *res* para algo ratificado e confirmado na natureza».

Uma distinção análoga entre um aspecto lógico-semântico e um ontológico se encontra no comentário de Tomás ao *De hebdomadibus*, de Boécio. Comentando o axioma boeciano segundo o qual «o ser é diverso daquilo que é [*id quod est*], o ser mesmo, com efeito, não é ainda [*nondum est*], mas aquilo que é, uma vez recebida a forma do ser [*accepta forma essendi*], é e subsiste», Tomás interpreta essa primeira formulação da cisão do ser no sentido de que ela não se deve referir «às coisas, sobre as quais ainda não está falando, mas às próprias definições ou intenções», como se se tratasse apenas de uma questão de significado das palavras: «Nós significamos algo dizendo 'ser' e algo distinto quando dizemos 'aquilo que é', assim como significamos uma coisa quando dizemos 'correr' [*currere*] e outra quando dizemos 'aquele que corre' [*currens*]. Correr e ser significam em abstrato, assim como a brancura; mas isso que é, ou seja, o ente e o que corre, significam concretamente, como branco» (*In librum Boethii De hebdomadibus, lect.* 2). Mais uma vez, o que está em questão é a distinção entre o plano dos nomes e da significação e o do discurso e da denotação.

A distinção entre os dois significados de *res* se encontra quase nos mesmos termos no livro sobre as *Sentenças*, de Boaventura:[60] «*Res*, como comumente se entende, se diz de *reor reris* e, nesse sentido, compreende tudo o que acontece no conhecimento [*omne illud quod cadit in cognitione*], seja existindo no exterior ou na mera opinião. Propriamente, *res* se diz de *ratus, rata, ratum*, no sentido que se diz *ratum* aquilo que não existe apenas no conhecimento, mas sobretudo na natureza [*in rerum natura*]».

5.

Na forma anódina de um jogo etimológico entre dois sentidos do verbo *reor*, eu penso e eu certifico, delineia-se aí o processo que levará a deslocar, de maneira progressiva e mais ou menos consciente, o objeto da filosofia primeira da esfera do existente à do conhecimento e da linguagem. Nesse processo, o termo «coisa», justamente, desempenhará uma função decisiva e adquirirá uma sorte de primado entre os transcendentais, até se constituir, no século XVI, como uma espécie de «supratranscendental».[61] Esse processo não é sempre consciente, e a ambiguidade do termo «coisa», suspenso por assim dizer entre o ser e o conhecimento, jamais desaparecerá por completo; mas é significativo que a oposição entre os dois significados de *res* seja levada às duas acepções de um verbo (*reor*) que pertence integralmente à esfera do raciocinar e do julgar, e da qual deriva o termo que traduz, para o latim, o grego *logos*: *ratio*. Se, a partir de Aristóteles, o ser é algo que se diz (*to on legetai pollachos*), por certo não é indiferente acentuar o ser ou o dizer se, na onto-logia, a ênfase recai na primeira ou na segunda parte da palavra. Em todo caso, o primado da coisa como objeto de uma metafísica convertida

---

60 Boaventura da Bagnoregio, p. 876.
61 Oeing-Hanhoff, pp. 285-95.

em uma ciência transcendental coincide com um eclipse do ser a tal ponto que foi possível falar de um «destronamento do conceito de ser» por obra do conceito de *res*.[62] A pergunta «antigamente, agora e sempre procurada, *ti to on*, o que é o existente?» se converte na pergunta «o que é a coisa?».[63]

6.

Uma passagem decisiva na definição da «coisa» como objeto da metafísica se realiza em Henrique de Gante. Por um lado, como puro objeto de pensamento e termo «mais comum», encontra uma primeira determinação no fato de que a ele nada se opõe, a não ser o puro nada (*purum nihil*): «É preciso saber que a coisa ou o algo [*res sive aliquid* — Henrique forjará, para ela, o termo técnico «algodidade», *aliquitas*] é de todos o mais comum, que tudo contém em certo âmbito análogo, considerado de modo que nada a ele se opõe a não ser o puro nada [*nisi purum nihil*], que não é nem pode ser em uma coisa fora do intelecto e nem mesmo no conceito de um intelecto qualquer, a partir do momento em que nada pode mover o intelecto se não tem alguma realidade».[64]

Já se observou[65] que Henrique distingue dois estatutos da coisa, um cognitivo e um ontológico, e que o termo designa, portanto, «o conteúdo de uma representação qualquer, abstraindo de sua realidade *extra intellectum*, mas não da realidade compreendida como a consistência própria do *cogitabile* e do intelecto».[66] Henrique, todavia, dá um passo ulterior,

---

62   Folger-Fonfara, p. 39.
63   Em italiano, *che cos'è la cosa?* [N. T.]
64   Henrique de Gante, 1991, q. i-ii.
65   Aertsen, p. 288.
66   Courtine, p. 184.

no qual a «coisa» parece se referir mais à linguagem do que ao pensamento. Na *Summa*, de fato, ele especifica o primeiro significado desse mais comum entre os transcendentais, definindo-o não como um conhecimento em sentido próprio, mas como uma «precognição nua» (*praecognitio nuda*), uma espécie de intuição confusa daquilo que é significado por um nome: «A precognição é uma cognição nua e simples, uma intelecção confusa, que não determina nada no significado do nome, nem se é um ente na natureza nem se é um não ente, mas apenas o fato de que, dele, há algum conceito, de modo que *res* não está aí como *ratitudine*, mas como *reor reris* [...]. Portanto, como conhecimento, no sentido de uma precognição daquilo que algo é, deve-se entender apenas o fato de que algo é dito por meio de um nome [*solum quod dicitur per nomen intelligere oportet*] [...] e isso é o que primeiramente se apreende por meio de uma palavra [*primum quod per vocem apprehenditur*] e precede toda notícia e ciência de qualquer coisa».[67] Seria possível dizer que aí a *res* designa, ainda antes de um puro pensável (*cogitabile*), um simples dizível como tal; mas a dizibilidade em questão é a que compete a um nome como tal, ao significado de um termo lexical independentemente de sua denotação.

Henrique introduz a noção de *aliquitas* (algodidade) nas *Questioni quodlibetali*, a propósito da distinção boeciana entre *esse* e *id quod est*. Enquanto Deus é apenas o ser puro, o ser da criatura é composto do ser e de algo (*aliquid*) a que compete o ser (*creaturae essentia quod non tantum nominat esse, sed etiam aliud cui convenit esse*). Henrique chama essa parte do composto que não coincide com o ser de «algodidade» (*aliquitas*): *creatura continet esse et aliquitatem*.

---

67   Henrique de Gante, 1520, q. iii, a. 24, fol. 138vo.

Assim, pode concluir que, «desse modo, deve-se entender o que disse Boécio *diversum est esse et id quod est*».[68] O ser é cindido em algodidade e existência.

7.

A teoria medieval dos transcendentais chega, em Duns Escoto, à sua completa formulação. O ser e os outros transcendentais se predicam de forma unívoca tanto de Deus como das criaturas, e «essa unidade fundamental do conceito 'ser' assegura a unidade e a cientificidade da metafísica»,[69] mesmo daquela *metaphysica specialis* que é, para Escoto, a teologia. Enquanto tem por objeto os transcendentais como aquilo que é maximamente possível de conhecer (*maxime scibilia*), a metafísica se constitui como *scientia trascendens*: «O que maximamente se pode conhecer é o mais comum, e esse é o ente enquanto ente e os outros que seguem o ente enquanto ente [...]. Do fato de que os mais comuns [*communissima*] são conhecidos por primeiros, como se provou por Avicena, decorre que as outras coisas mais particulares [*specialiora*] não podem ser conhecidas se, antes, não se conhecem aquelas comuns, e o conhecimento dessas comuns não pode ser transmitido em uma ciência particular; portanto, é necessário que exista uma ciência universal que considere esses transcendentes em si, e nós chamamos tal ciência de metafísica, que assim é chamada por *meta*, que significa 'além', e *ycos*, que significa 'ciência', quase ciência transcendente, uma vez que trata dos transcendentes [*quasi trascendens scientia, quia est de trascendentibus*]».[70] Conforme foi observado, como primeiro objeto

---

68   Henrique de Gante, 1991, q. xi, ff. 465-66.
69   Demange, p. 31.
70   Duns Escoto, 1891-1895, pp. 4-5.

da filosofia não se deve aí entender um «ente primeiro», seja ele Deus ou a substância, mas aquilo que é primeiro na ordem de nosso conhecimento (*maxime scibile*).[71]

Por outro lado, Duns Escoto critica a teoria de Henrique de Gante sobre a *res sive aliquid* como o termo mais comum, simples objeto indeterminado do conhecimento. Tal «algodidade», como realidade puramente opinável, é em si um puro nada, e se dela é feita, como pretende Henrique, o fundamento dos transcendentais, estes serão fundados sobre um nada: «Pergunto agora o que compreende por algodidade [*Quaero tunc, quid intelligat per aliquitatem*]? Tratando-se de uma realidade opinável, uma vez que ela é comum tanto a algo quanto a nada, então de fato será nada. E, se a *res* como *ratitudo* se funda sobre a algodidade assim concebida, será fundada sobre nada [*fundatur in nihilo*]».[72] Mesmo fazendo da metafísica a ciência dos transcendentais, Escoto, segundo uma ambiguidade que sempre acompanhará sua definição, nunca abandona uma concepção da coisa como realmente existente. A *res a reor* mantém sempre uma ambígua relação com a *res rata*.

8.

Uma vez definida a metafísica como ciência transcendente, Escoto se interroga, mas com extrema lucidez, sobre a relação entre ela e as outras ciências. Na medida em que afirma que ela é primeira em relação às outras em se tratando da clareza do conhecimento (*in ordine sciendi distincte*), admite que, na ordem do ensinamento (*in ordine doctrinae*), ela é, pelo contrário, compreendida como última: «A metafísica,

---

71 Courtine, p. 139.
72 Duns Escoto, 1954, d. iii, pars 2, n. 311.

segundo Avicena, é primeira segundo a ordem do saber distinto, pois ela deve certificar os princípios das outras ciências [...] mas Avicena não se contradiz quando a coloca como última na ordem do ensinamento e primeira no conhecer distintamente, pois [...] os princípios das outras ciências são por si notórios a partir da concepção confusa de seus termos [*ex conceptu terminorum confuso*]».[73] Assim, «o geômetra enquanto geômetra» não tem necessidade, para exercer sua ciência, dos princípios conhecidos de *per se*, «exceto daqueles que são imediatamente evidentes mediante um conhecimento confuso, que se produz a partir das coisas sensíveis, como, por exemplo, 'a linha é um comprimento etc.'». Compete ao «metafísico geômetra», isto é, ao filósofo que se dedique a estudar a geometria, «procurar a quididade daqueles termos confusos». A relação entre a metafísica e as ciências é, assim, tomada em uma espécie de círculo, no qual o que se pretende primeiro em relação a elas segue, na realidade, as ciências particulares: «Uma vez conhecidas a geometria e as outras ciências especiais, a metafísica segue, no que diz respeito aos conceitos comuns, a partir dos quais pode retornar, por via de divisão, a pesquisa da quididade dos termos das ciências especiais que conheceu».[74] «É manifesto, desse modo», conclui Escoto, «em que sentido a metafísica é primeira e em que sentido não o é [*quomodo metaphysica est prima et quomodo non est prima*].»[75] A precariedade do primado da filosofia primeira sobre as ciências segundas se mostra, aqui, com particular evidência: se o fim da metafísica consiste em certificar os princípios das outras ciências, se o metafísico

---

73   Ibid., d. III, pars 2, n. 81.

74   Ibid.

75   Ibid.

deve se tornar, por isso, a cada vez, geômetra, então ela não é verdadeiramente primeira. E que, na verdade, as ciências não têm necessidade de uma certificação metafísica é algo que se fará evidente à medida que o crescimento de sua complexidade tornar obsoleta a figura do «metafísico geômetra».

9.

O deslizamento do ente em direção à «coisa» (*res a reor reris* e não *a ratum*) é evidente em Jean Buridan. *Ens*, como objeto [*soggetto*] da metafísica, é, com efeito, sobretudo um termo (*Iste terminus «ens» est subiectum proprium ipsius metaphysicae*);[76] como consequência, ele analisa detalhadamente a expressão *ens in quantum ens* do ponto de vista da linguagem. A análise que ele realiza se coloca imediatamente, como foi observado, em uma dimensão metalinguística.[77] Já Escoto, cujas obras demonstra ter lido com atenção, havia especificado que «enquanto» não devia ser compreendido em sentido duplicativo (*non intelligitur ly «in quantum» reduplicative*), isto é, causativo em sentido universal, «como se se dissesse o homem enquanto homem é racional», o que implica que todos os homens são racionais. O «enquanto» deve, pelo contrário, ser compreendido em sentido especificativo (*specificative*), uma vez que especifica justamente a razão pela qual o predicado é inerente ao primeiro termo, como na expressão «a matéria enquanto é em potência se move para a forma».

Buridan retoma quase literalmente o argumento de Escoto, mas o desloca de forma decisiva para o plano da linguagem. O decisivo aqui é que ele especifica que o termo *ens* como objeto [*soggetto*] da metafísica deve ser compreendido

---

76   Buridan, 1. IV, p. V, f. XVI.
77   Biard, p. 54.

em sua denotação material (*ita quod esset suppositio materialis*), isto é, segundo a terminologia dos lógicos medievais, uma vez que se refere à própria palavra e não a uma coisa *extra animam*, como acontece na *suppositio personalis*. Ele não será compreendido, portanto, *reduplicative*, o que implicaria a falsa consequência de que todos os entes são objetos da metafísica, mas «em sentido específico ou determinativo, isto é, para exprimir a razão segundo a qual esse termo 'ens' é exposto como sujeito próprio dessa ciência [*ad experimendum rationem secundum qua iste terminus 'ens' ponitur subiectum proprium hujus scientiae*]».[78]

Qual seria essa razão é algo especificado por Buridan pouco depois: trata-se de entender *ens* não no sentido do particípio verbal, o qual, como tal, refere-se apenas ao presente, mas em sentido nominal, isto é, como sinônimo de «coisa» ou «algo» (*nominaliter, tunc est nomen synonymum cum isto termino «res» vel cum isto termino «aliquid»*), «e é nesse sentido que pode constituir o objeto da metafísica [*et sic est ponendum subiectum in ista scientia*]». O nexo entre semântica e metafísica, entre a análise da linguagem e a articulação do ser, é aí particularmente evidente, mesmo que não seja tematizado como tal.

10.

À medida que a metafísica se identifica com uma ciência dos transcendentais e que eles definem sua esfera de significado a partir da «coisa» e do «algo», da *res* e do *aliquid*, é a natureza mesma da filosofia primeira que progressivamente se transforma. O *on hei on*, como objeto primeiro dessa

---

78   Buridan, 1. IV, q. V, f. XVI.

ciência, já não é uma presença efetiva, como certamente o era em Aristóteles e como talvez ainda o seja — ao menos em parte — em Tomás, mas se torna o correlato objetivo de uma representação, algo que corresponde ao significado de fato indeterminado do nome indefinido «coisa». Ou seja, a transcendentalização do ser coincide com a fundação da doutrina do ente como ontologia. Quando o termo «ontologia» aparece no vocabulário da filosofia no século XVII, o ente enquanto ente, que é objeto dessa ciência, não é aquilo que existe na realidade, mas o *esse objectivum*, isto é, na terminologia escolástica, seu ser objeto de uma representação no intelecto. Assim, nas *Elementa Philosophiae sive Ontosophia* (1647), de Johannes Clauberg, uma das primeiras obras em que o termo aparece, o objeto da filosofia primeira é articulado em três níveis: o *Intelligibile*, que tem apenas o *esse objectivum* no intelecto; o *Aliquid*, ao qual competem tanto o *esse objectivum*, o ser em uma representação, como o *esse reale,* a existência; e o *Ens reale*, ao qual convêm tanto o *esse objectivum* como o *esse reale*, mas como substrato dos atributos ([...] *in prima philosophia tria sibi gradatim succedunt: Intelligibile, quod habet tantum esse objectivum; Aliquid, quod esse objectivum et esse reale; Ens reale, quod esse objectivum, esse reale et atributa re alia obtinet*).[79]

Que o supratranscendental «inteligível» é simplesmente o correlato de uma representação em primeiro lugar linguística e depois mental é algo que fica evidente na definição que Clauberg apresenta: «O inteligível é qualquer coisa, em qualquer modo que seja, que pode ser pensado ou dito [*quicquid quovis modo est, cogitari ac dici potest*]. Assim, eu *digo* Nada

---

79   Clauberg, 152, p. 195.

e, enquanto digo, *penso* e, enquanto penso, aquilo *é* em meu intelecto [*Ita dico Nihil, et dum dico cogito, et dum cogito, est illud in intellecto meo*]».[80]

Talvez, em nenhum lugar o significado do *cogito* cartesiano tenha sido definido com tanta clareza em sua irredutível conexão com a linguagem e, ao mesmo tempo, com a transcendentalização do ser da escolástica medieval. Mais uma vez, segundo a tradição dos *trascendentia* medievais, a metafísica tem por objeto os predicados mais comuns, que convêm tanto a Deus como às criaturas; mas esses predicados generalíssimos existem apenas em nosso intelecto: «Deus e a criatura têm, além do nome, algo de comum, que pertence à ciência superior e anterior [*priorem*] que se chama primeira filosofia, ou melhor, segundo o título dos livros de Aristóteles, Metafísica. Ainda que não haja nada que seja superior a Deus, todavia há em nosso intelecto algo tão comum a ponto de compreender de algum modo e ao mesmo tempo Deus e todas as outras coisas».[81]

11.

Assim, foi possível escrever que «a metafísica moderna não é em nada uma ontologia, mas uma tino-logia, uma ciência geral do *cogitável*, da coisa no sentido de 'algo'»,[82] do *ti* privado de ser, contra o qual Platão alertava no *Sofista* (237 d), e que, «concentrando-se na *res*, a metafísica atinge o estatuto de ciência apenas abandonando seu objeto primeiro, o ser».[83] Com uma nítida «inversão do princípio platônico-aristotélico

---

80   Ibid., 2, p. 37.
81   Ibid., 4, p. 2.
82   Courtine, p. 537.
83   Boulnois, p. 513.

que queria que uma coisa fosse tanto mais conhecível quanto mais realidade ontológica comportasse»,[84] à consistência do *on* se substitui o simples correlato — eventualmente privado de existência objetiva — de uma representação. Na terminologia dos lógicos medievais, que significativamente inverte a dos modernos, o *esse subjectivum* do *hypokeimenon* e da substância primeira de Aristóteles é substituído pelo *esse objectivum*, o ser em uma representação. Começa assim o processo que levará, de forma progressiva, mas inflexível, a transformar a teoria do ser em uma doutrina do conhecimento, a ontologia em uma gnoseologia. O que está em questão na metafísica não é mais o ser, mas as condições de seu conhecimento, não a estrutura do mundo, mas a do conhecimento. Na definição de Baumgarten, «a metafísica é a ciência primeira, que contém os princípios do conhecimento humano [*scientia prima cognitionis humanae principia continens*]».[85] Se o ser, como a «coisa» e os outros termos transcendentes, entra na metafísica apenas como correlato de uma representação e princípio do conhecimento, então o espanto porque algo existe dá precipitadamente lugar ao saber e à ciência. É contra essa deriva exclusivamente gnoseológica, que em Kant atingirá sua massa crítica, que Heidegger poderá reivindicar sua reproposição da questão do ser.

O problema que permanece aqui não tematizado é, na realidade, o do modo pelo qual nossas representações se referem a um objeto. Os teóricos medievais parecem considerar essa capacidade óbvia. A representação tem uma realidade objetiva em si mesma, que não coincide imediatamente com o ente real, e, todavia, seu nexo com ele permanece não

---

84   Courtine, p. 535.

85   Baumgarten, i, p. 1.

interrogado. Não surpreende que a pergunta da qual partirá Kant em sua reproposição do problema da metafísica seja justamente aquela sobre o que funda a relação de nossas representações com os objetos, e que ele tenha procurado — talvez sem conseguir — uma resposta em uma filosofia transcendental.

Foi observado que a escolástica medieval, a partir de Escoto, «dissocia a questão do objeto primeiro do intelecto daquela do substrato [*soggetto*] da metafísica»[86] e substitui a *res* de Henrique de Gante como objeto mais geral do conhecimento por uma realidade puramente linguística, que chama *quid nominis* ou «ser significável como um nome» (*esse significabile per nomen*). Segundo Demange, Escoto não pretendia, porém, de modo algum identificar esse conceito geral com o objeto da metafísica. «Ele torna possível a metafísica, sem fundá-la, mas abrindo um espaço no interior do qual ela poderá inscrever-se: a semântica.»[87] Essa observação, em si pertinente, é corrigida no sentido de que justamente a falta de consciência da inevitável implicação entre semântica e metafísica impede os filósofos medievais de conhecer plenamente o problema do objeto da filosofia primeira. Nos filósofos do século XIII, uma análise extremamente sutil dos *modi significandi* da linguagem convive com as definições propriamente ontológicas, mas a consciência de seu constitutivo co-pertencimento nem sempre é tão clara. Se tanto Henrique de Gante como Buridan parecem então entender a «coisa» como algo essencialmente ligado ao *modus significandi* do nome, eles não extraem todas as consequências dessa implicação entre representação linguística e representação intelectual, entre linguagem e pensamento. A ambiguidade da *res*, que, apesar dos escrúpulos das distinções, nunca desaparece por completo, enraíza-se nessa inconsciência. O problema se esclarece ao ser ligado à distinção entre significação e denotação: por meio do transcendental, a metafísica pensa o estatuto de ser e de realidade que compete ao

---

86 Demange, p. 28.
87 Ibid.

significado dos termos, independentemente de sua denotação. Mas, se o que está em questão aí é apenas o significado de um termo, isto é, a relação entre a palavra e a representação, o que garante que a representação se refira a um objeto real, ou seja, tenha, no discurso, uma denotação?

Capítulo quarto
O nome infinito

1.

Toda pesquisa de história do pensamento deve mover-se constantemente em dois planos inseparáveis: a definição do problema e a identificação da conceitualidade a ele ligada. Uma exposição do problema sem os conceitos que permitem sua articulação é tão estéril quanto uma descrição dos conceitos sem o problema ao qual se referem. A análise da conceitualidade da filosofia primeira e da metafísica adquiriu assim um novo sentido, dado que tentamos restituí-la ao contexto problemático da unidade e da divisão dos saberes do Ocidente. As perguntas que agora temos de nos colocar são: qual é o problema em cujo interior a conceitualidade transcendental desempenha sua função decisiva? Em que contexto problemático temos de inscrever o deslizamento do ser à esfera da coisa?

Um indício útil para responder a essas perguntas é dado pelo fato de que uma das primeiras aparições dos termos transcendentes está nos tratados da assim chamada *Logica modernorum*, já a partir da primeira metade do século XIII. Aí, a conceitualidade transcendental — em particular a da *res* e do *aliquid* — está inserida no contexto do problema dos nomes infinitos ou da infinitização (*infinitatio*) dos termos lógicos. No comentário ao *Peri hermeneias*, de Pedro da Irlanda, mestre de Tomás em Nápoles, lemos: «Pode-se duvidar se os nomes transcendentes, como uno, ente e algo podem ser infinitizados [*possint infinitari*] uma vez que são conversíveis, e parece que isso não é possível [...] com efeito, é impossível infinitizar esses nomes transcendentes».[88] Mas, já algumas décadas antes, o neologismo *infinitari* rapidamente aparece na *Summa* de Stefano Langton, na peremptória afirmação de que não é possível tornar infinito o significado do termo *res*, porque qualquer denotação acabaria faltando: *hoc nomen res non potest infinitari propter defectum suppositionis.*[89]

A expressão «nome infinito» provém de uma passagem do *Peri hermeneias* (16 a, 30) aristotélico que diz: «Não homem [*ouk anthropos*] não é um nome, nem há um nome com o qual se deva chamá-lo; com efeito, não é um discurso nem uma negação: mas que seja então um nome infinito [*onoma aoriston* — na tradução de Boécio: *nomen infinitum*]». A atuação dos lógicos medievais está em transformar o nome infinito de Aristóteles no problema do limite ao qual se pode levar a indeterminação do significado de um nome, além do qual todo significado falta. Os transcendentais são, portanto, termos que não podem ser infinitizados, porque seu significado já é tão comum e geral que o acréscimo da negação (*non res, non ens, non aliquid*) é simplesmente privada de denotação. Enquanto, por meio da negação contida no termo infinito não homem, é possível entender tanto o ente como o não ente, «a infinitização dos termos uno, ente e algo», lê-se nas *Summulae dialectices*, de Roger Bacon, «pelo contrário, não faz nada, nem é possível compreender coisa alguma por meio dela, se, por exemplo, se dissesse 'não ente', 'não algo'. E isso não é em razão da negação, mas pelo caráter comum da coisa que esses termos significam, dado que são comuns a

---

88   Ventimiglia, p. 219.
89   Ibid., p. 215.

tudo o que é, e, portanto, sua negação se encontra apenas no não ente».[90] E o *Tractatus Anagnini*, composto algumas décadas antes, afirma, a propósito dos «vocábulos infinitizados», que: «Destes, é preciso saber que um vocábulo infinitizado [*vox infinitata*] é o que recebe uma partícula negativa para entrar numa composição discursiva. A natureza dos termos infinitos é, com efeito, que eles querem sempre atribuir algo a algo. Mas os termos que já contêm tudo [*omnia continentes*] não podem ser ulteriormente infinitizados. Portanto, dizer 'não algo é' ou 'não coisa é' [*non-aliquid est, non-res est*] é dizer nada [*nichil est*]».[91] Alberto Magno pode, nesse ponto, enunciar, em sua *Summa*, o teorema segundo o qual «coisa, uno, algo e ente são termos infinitos e, portanto, não podem ser infinitizados [*infinitari non possunt*]».[92]

A hipótese que pretendemos sugerir é que a conceitualidade transcendental, antes ainda de tradicionalmente se inscrever no âmbito da metafísica e da ontologia, tinha a ver com o problema lógico da infinitização, isto é, do limite extremo de indeterminação que a significação linguística pode atingir. Nesse limiar, o problema dos transcendentais é muito próximo ao do significado dos termos matemáticos.

No nome infinitizado, a significação é levada até o limiar do nada. Nessa perspectiva, o transcendental pode ser definido como a dimensão de significado que é muito próxima ao nada, ao *purum nihil* de Henrique de Gante. Quando Heidegger, em *O que é a metafísica*, formula o problema fundamental da metafísica com a pergunta «Por que há algo mais do que o nada?» e afirma que o ser como figura do nada permanece nela esquecido, na realidade essa pergunta tem

---

90   Bacon, p. 224.
91   Ventimiglia, p. 217.
92   Alberto Magno, I, q. XXIV, cap. III.

sentido apenas a partir do fato de que a metafísica entrou na dimensão do transcendental e, dele, já é inseparável. Se o «nada se desvela como pertencente ao ser do ente»,[93] isso é porque o ente e a «coisa» como transcendentais são, no limite, inteligíveis apenas por meio de sua relação — ao mesmo tempo de exclusão e de inclusão — com o nada. O sentido último da «coisa» é que ela é não nada, assim como «o nada não representa apenas o contraconceito [*Gegnberiff*] do ente»,[94] mas a ele pertence constitutivamente.

2.

Um indício significativo da relação entre a terminologia metafísica e a matemática está em que, nas traduções latinas dos tratados árabes de álgebra, por obra de João de Sevilla, Gerardo de Cremona e Leonardo Fibonacci (século XIII), o termo usado para a incógnita (árabe *shay*, o mesmo que em Avicena designa, junto com *ens*, o primeiro objeto do conhecimento) é *res*.[95] A partir da *Summa de arithmetica,* de Luca Pacioli (1494), o termo é comumente traduzido, em vulgar, por *cosa* (ou *cossa*): «onde, por coisa, mostrou-se aos primeiros inventores que se deve entender de quantidade, qualquer que seja».[96] Cardano, em sua *Practica arithmetica,* elenca assim, entre os *numeri denominativi* — que se chamam números apenas *per similitudinem*, uma vez que não são números, mas exprimem quantidades variáveis —, *res sive radix sive la cosa, et designatur:co.*[97] O termo italiano se impõe a tal ponto que também penetra nos tratados algébricos em língua alemã, nos quais assume a forma *die Coss*. Assim,

---

93   Heidegger 1978, p. 119.

94   Ibid., p. 114.

95   Costabel; Redondi, p. 187.

96   Crapulli, p. 161.

97   Ibid., p. 162.

reimprimindo com esse título o manual de aritmética de Christian Rudolf, Stifel explicava que se chamava *Coss* uma quantidade incógnita, para a qual os autores mais antigos usavam a expressão *ponatur una res*.[98] E, em sua *Arithmetica integra* (1544), ele se deu conta da particularidade dos números algébricos, que, na verdade, não são números, mas algoritmos: «A regra da álgebra é tal que ela requer dos números particulares, os quais devem ter um próprio algoritmo [*qui proprium Algorithmum habeant*]».[99]

Que os matemáticos estavam perfeitamente conscientes das implicações semânticas do termo é algo evidente em um dos textos que gozam de maior prestígio na matéria, *Algebra*, de Bombelli (1572), que propunha substituir o termo «coisa», «universalíssimo e comum», por aquele que, a seu ver, era mais preciso: «tantos». «Alguns poderão se espantar que, contra o antigo uso dos escritores italianos, os quais até os dias de hoje escreveram acerca da ciência da Aritmética, quando a ela ocorreu tratar de quantidades incógnitas: eles sempre a nomearam com o termo 'coisa' como termo comum a todas as coisas incógnitas, e eu chamo agora essas quantidades 'tantos', mas quem considerar bem o fato, conhecerá que mais lhe convirá esse termo 'tanto' do que 'coisa', porque diremos que 'tanto' é termo apropriado a quantidade de número, o que não se pode dizer de 'coisa', sendo ele um termo universalíssimo e comum a qualquer substância, conhecida ou ignota [...] o 'tanto', portanto, é uma quantidade incógnita com a qual, com o fim de operar, acaba-se encontrando um número que lhe seja par.»[100]

---

98   Ibid., p. 165.
99   Ibid., p. 163.
100   Ibid., p. 170.

Que o mesmo termo que designa o objeto da filosofia primeira seja usado pelos matemáticos para as quantidades incógnitas não é uma simples coincidência. No transcendental *res*, o objeto da metafísica, reduzindo-se ao vazio correlato de uma «precognição nua», havia-se indeterminado a tal ponto que quase nada o separava do conceito algébrico de incógnita. A teoria da «coisa» marca, nesse sentido, um limiar em que a conceitualidade metafísica e a matemática parecem se tocar.

Em seus estudos exemplares sobre a logística grega e o nascimento da álgebra, Jacob Klein insistiu sobre as diferenças conceituais que separam a matemática grega da álgebra moderna tal como se constitui com Viète, Stevin e Descartes. O número grego é, segundo Klein, sempre «número de algo» (*arithmos tinos*), e os objetos compreendidos por meio do número são sempre quantidades determinadas. Mesmo quando em Diofanto o conceito de número ignoto é elaborado, definido como «um número que tem em si uma quantidade indeterminada de mônadas», o pressuposto é que o problema tem sentido apenas se um número específico de mônadas devesse constituir uma solução.[101] Qualquer que seja o modo pelo qual se concebe a passagem da matemática grega à álgebra moderna, a hipótese que podemos sugerir, nesse ponto, é que essa passagem se tornou possível porque a metafísica medieval elaborara, por sua vez, por meio do transcendental «coisa», o conceito de um objeto geral como limite extremo da significação linguística. O número algébrico, como «grandeza em geral» indeterminada, que é possível apreender apenas por meio de um procedimento simbólico, tem seu precursor na doutrina transcendental da «coisa».

---

101   Klein, p. 154.

3.

Tentemos esclarecer ainda mais a esfera de significado da «coisa» como incógnita algébrica e como termo transcendente. A teoria medieval faz uma distinção entre significação (*significatio*) e suposição (*suppositio* — nos termos modernos, a denotação). A significação é uma propriedade de uma única palavra (*vox*) em si, e a suposição compete a uma palavra inserida em uma proposição. «A suposição e a significação diferem», escreve Petrus Hispanus, «pois a significação resulta da imposição de uma palavra para significar algo [*per impositionem vocis ad rem significandam*]; pelo contrário, a suposição é a acepção de um termo já, por si só, significante para uma coisa determinada, como quando se diz 'um homem corre', o termo 'homem' supõe Sócrates ou Platão. A significação precede a suposição e elas são diversas, porque significar compete a uma palavra, supor [denotar] um termo já composto de palavra e significação.»[102] Ockham distingue, assim, três formas de suposição: «1. a suposição material, na qual o termo se refere a si mesmo [*supponit pro seipso*], como na frase 'homem é um nome', mas não significa a si mesmo; 2. a suposição simples, na qual o termo supõe a representação que está na mente [*intentio animae*], mas não a significa como na frase 'homem é uma espécie'; 3. a suposição pessoal, na qual o termo supõe seu significado [*supponit pro suo significato*], como na frase 'um homem — ou este homem — corre».[103] Nos primeiros dois casos, suposição e significação permanecem separadas, enquanto, no terceiro, coincidem.

É suficiente considerar com atenção o termo algébrico «coisa» e o transcendental homônimo para constatar que eles

---

102   Petrus Hispanus, p. 57.
103   Guilherme de Ockham, pp. 177-8.

não se inscrevem em nenhuma das três formas de suposição definidas por Ockham. Uma vez que não é um número, mas um algoritmo, a incógnita não se refere a um número determinado, mas apenas ao fato de que, ao final da operação, será possível dar «um número que lhe seja par». De modo similar, o termo transcendental «coisa» não significa uma coisa existente, mas o dar-se, em geral, de uma representação linguística ou mental, independentemente da existência de seu objeto. A «coisa», portanto, nem significa nem supõe, mas significa, por assim dizer, a própria desconexão entre significação e denotação.

Em uma passagem importante da *Ordinatio*,[104] Escoto distingue o *quid nominis*, a esfera de significado do nome, e o ser ou o *quid rei*, a coisa enquanto existe: «O ser-algo do nome é mais comum do que o ser e o ser da coisa, porque a mais coisas convém serem significadas por um nome do que serem» (*Esse quid nominis est communius quam esse et quam quid rei, quia pluribus convenit significari nomine quam esse*). É preciso refletir sobre esse teorema singular, no qual Escoto afirma, sem reservas, um excesso da significação do nome em relação ao ser, algo similar àquilo que, muitos séculos depois, Lévi-Strauss definirá como a irredutível excedência do significante sobre o significado, que produz significantes livres ou flutuantes, vazios de sentido em si mesmos. Ou seja, a significação excede de maneira constitutiva seu cumprimento por meio de uma denotação, como a esfera do *quid nominis* supera, em todo caso, aquela do *quid rei*. A coisa algébrica e a coisa como termo transcendental se situam nessa lacuna entre a significação e a suposição.

---

104   Duns Escoto, 1954, d. III, pars I, n. 16.

É possível, neste ponto, formular a hipótese de que, como fundamento dos predicados transcendentes, esteja algo como um arquitranscendental pressuposto, que coincide com o que, em referência ao *pros hen* de Aristóteles, chamamos de «ser-dito». Nos termos de Escoto, isso corresponde ao *quid nominis*, ao puro fato de ser dito e nomeado na linguagem. Esse arquitranscendental, logicamente anterior à «coisa», só emerge à consciência dos filósofos indiretamente e, todavia, de algum modo, permanece pressuposto em suas definições.

4.

É para preencher essa lacuna entre a significação e a denotação que os lógicos medievais introduzem o conceito em uma posição eminente. Os fundamentos do problema estavam no plexo semântico que o *Peri hermeneias* aristotélico havia instituído entre as palavras, as coisas e as afecções da alma. Já os comentadores antigos se perguntavam a quais desses três elementos o texto se referia, e respondiam que ele tratava das palavras enquanto designam as coisas por meio das afecções da alma. No comentário de Boécio, essa interpretação evolui no sentido de um primado daquelas que ele define como concepções da alma ou intelecções, que, mais tarde, tornar-se-ão os «conceitos»: «a palavra», ele escreve, «significa as concepções da alma ou as intelecções [*vox vero conceptiones animi intellectusque significat*]», e refere-se às coisas apenas «por meio delas, de uma maneira secundária» (*secundaria significatione per intellectum medietate*) (*In Peri herm.* II, 33, 27).[105]

Ockham e os lógicos medievais sistematizaram essa concepção e colocaram o conceito decisivamente no centro do plexo lógico-linguístico. Ockham distingue, assim, do

---

105   Cf. Maioli, p. 265.

termo dito ou escrito, o *terminus conceptus*, a palavra concebida, a qual define como «uma intenção ou afecção da alma que significa ou consignifica naturalmente algo, destinado a ser parte de uma proposição mental [*aliquid naturaliter significans vel consignificans, nata esse pars propositioni mentalis*]».[106] Com uma inversão da ordem implícita na enunciação aristotélica, que iniciava pelas palavras (*ta en tei phonei*), o conceito e a proposição mental de que parte precedem a proposição vocal. «Toda vez que alguém profere uma proposição vocal, primeiro forma, dentro de si, uma proposição mental, que não pertence a nenhuma língua [...] As partes dessas proposições mentais se chamam conceitos, intenções, similitudes ou intelecções».[107]

É com base nesse primado do conceito que a teoria de Ockham sobre a *suppositio personalis* adquire seu sentido próprio. O conceito — ou intenção — significa naturalmente, de fato, algo que, ao mesmo tempo, pode denotar (*est quoddam in anima, quod est signum naturaliter significans aliquid, pro quo potest supponere*).[108] Enquanto nela o conceito denota o que significa (*supponit pro suo significato*), a *suppositio personalis* se coloca como modelo da significação lógico-linguística, da qual a denotação simples e a material são apenas subclasses. A palavra — que também sempre contém, na realidade, uma *suppositio materialis*, uma referência à própria consistência material — é assim, de fato, eliminada e substituída pelo conceito.

Uma concepção similar, na qual o plexo lógico-linguístico tem seu lugar eminente no *conceptus mentis* e não

---

106   Guilherme de Ockham, p. 8.
107   Ibid., p. 39.
108   Ibid.

em uma relação problemática entre a palavra e a coisa, precede àquela «des-linguisticização» (*Entsprachlichung*) do conhecimento na qual Ruprecht Paqué, em um livro exemplar,[109] viu a condição de possibilidade da ciência moderna. Se o mundo antigo não pôde nem quis ter acesso à ciência no sentido moderno do termo, isso foi porque, apesar do desenvolvimento da matemática (significativamente não em forma algébrica), sua experiência da linguagem e sua ontologia não permitiam que se referisse ao mundo de forma independente do modo pelo qual ele se revelava na língua. Se a palavra se resolve, pelo contrário, integralmente no conceito, como acontece na lógica medieval, o caminho então está aberto para um conhecimento que pode renunciar às palavras e substituir as línguas naturais por algoritmos e números. É essa relação imediata entre a palavra e o conceito que o transcendental «coisa» exprime. *Ens in quantum ens* significa, como Ockham e Buridan sugerem, «o termo *ens* enquanto se resolve no conceito *ens*». Ou seja, nessa perspectiva, todo termo linguístico é, em última análise, um *terminus conceptus*, que denota aquilo que significa. A teoria dos transcendentais, mais do que confundir, como Kant sustentava, a lógica e a realidade, implica uma lógica e uma experiência da linguagem que preparam o acesso àquela ciência newtoniana para a qual Kant, como foi sugerido,[110] pretendia, por conta própria, assegurar os fundamentos metafísicos.

O termo *conceptus* aparece como termo técnico em Prisciano (século v), em cujas *Insitutions grammaticae*, um texto que serve como

---

109   Paqué, p. 261.
110   Demange, p. 4.

fundamento das reflexões medievais sobre a linguagem, lê-se que «se deve chamar parte do discurso [*pars orationis*] uma palavra que indica o conceito da mente, isto é, o pensamento [*vox indicans mentis conceptum, id est cogitationem*], a cada vez que se profere uma voz articulada que significa algo [*quaecumque igitur vox literata profertur significans aliquid*]».[111] O termo desenvolve metaforicamente o original significado fisiológico (o feto concebido no ventre materno) que ainda é evidente em Macróbio: «Os conselhos nascem de uma concepção da mente» (*conceptu mentis concilia nascuntur*).[112] O termo é então retomado pelos lógicos e pelos gramáticos ditos modistas (século XIII), nos quais reflexões gramaticais e reflexões filosóficas são tão próximas que uma das questões debatidas era «se os modos de entender, os modos de significar e dos modos de ser são de fato idênticos». O significado originário é ainda perceptível em Tomás: «Quando nosso intelecto compreende em ato, forma certo inteligível, que é, por assim dizer, sua prole, e por isso se chama conceito da mente» (*Quandocumque autem actu intelligit, quoddam intelligibile format, quod est quase quaedam proles ipsius, unde et mentis conceptus nominatur*) (*De rationibus fidei*, cap. 3). É essa «prole da mente», inventada por um gramático do século V, que se tornará progressivamente, por meio de um longo processo histórico que culmina em Hegel, o verdadeiro objeto da filosofia.

5.

Ao conceito, como elemento do discurso mental, é ligado o tema da representação, o qual caracteriza o pensamento entre os séculos XIII e XIV de modo tão decisivo que foi possível afirmar ser aquele o momento a partir do qual a metafísica moderna se transformou em uma teoria da representação. Mesmo que o termo já apareça em Tertuliano e Agostinho, é apenas naquele período que *repraesentatio* e *repraesentare* se tornam, particularmente em Escoto e em

---

111   Prisciano, p. 552.
112   Macróbio, p. 271.

sua escola, termos técnicos fundamentais do vocabulário da filosofia. Esse primado da representação desempenha um papel essencial no deslocamento da metafísica desde uma doutrina do ser a uma doutrina do conhecimento, que já evocamos muitas vezes. As impressões na alma (*en tei psychei pathemata*), do *De interpretatione* aristotélico, não são, de fato, representações no sentido da lógica medieval, mas simplesmente «similitudes» (*omoiomata*) das coisas, que dependem delas. Quando Tomás analisa a conceitualidade do intelecto em relação às coisas, tem o cuidado de distinguir a simples similitude da coisa que existe fora da alma (*similitudo rei existentes extra animam*) daquela *conceptio* que não se refere imediatamente à coisa, mas sobretudo ao modo de compreendê-la (*ex modo intelligendi rem*) e acrescenta «dessa espécie são as intenções que nosso intelecto descobre [*intentiones quas intellectus noster adinvenit*]» (*Sent.*, I, d. 2, q. I, a. 3). Essas representações nascem do fato de que «o intelecto, refletindo sobre si mesmo, assim como compreende as coisas existentes fora da alma, compreende-as por serem compreendidas» (*ex hoc enim quod intellectus in se ipsum reflectitur, sicut intelligit res existentes extra animam, ita intelligit eas esse intellectas*) (*De Potentia*, q. VII, a. 6). Para Tomás, todavia, também essas, as quais chama de «intenções segundas», mesmo tendo seu fundamento próximo no intelecto e não na coisa, mantêm um fundamento remoto na coisa.

Com Escoto, o estatuto da representação se desenvolve ainda mais. O intelecto não necessita, como o sentido, da presença real de um objeto que imprima, nos órgãos de sentido, sua espécie; nele, o objeto está, sobretudo, presente em potência antes do ato de intelecção, «não como a impressão em um órgão [o intelecto não tem órgãos], mas por uma impressão na potência cognitiva: tal impressão representante, que precede na potência o ato da inteligência, chamamos de espécie inteligível».[113] Essa presença particular é definida como uma «afecção intencional» distinta da afecção real e comparada à luz que o objeto emana enquanto reluz na espécie (*relucet in specie*): «O intelecto não sofre realmente uma afecção do objeto real, que imprime uma espécie real, mas sofre, do objeto enquanto reluz na espécie, uma afecção intencional [*patitur passione intentionali*]; e essa segunda paixão é a receptividade da inteligência, que procede do inteligível enquanto é inteligível e reluz na espécie inteligível, e esse sofrer é a intelecção».[114] «Há, portanto», conclui Escoto, «na potência cognitiva, uma perfeição que não depende de outro, mas pode ter presente em si seu objeto, independentemente de qualquer outra potência.»[115] Ou seja, a representação tem seu próprio estatuto ontológico, que Escoto e seus escolares chamam «ser intencional», distinto do ser real e definido como o ser «que convém à coisa enquanto existe representativamente [*repraesentative*] e tem um ser representado em um outro ente». Em um genial discípulo de Escoto, Guilherme de Alnwick — ao qual se deve a definição citada —, a representação (a «forma representante») é idêntica ao ser representado do objeto e à inteligibilidade que convém *ab aeterno* à criatura (*esse repraesentatum obiecti representati est idem realiter cum forma repraesentante*). E essa inteligibilidade tem um fundamento teológico, uma vez que, por fim, ela se identifica com Deus (*teneo quod esse intelligibile creaturae ab aeterno est idem realiter cum Deo*).[116]

---

113   Duns Escoto, 1954, d. III, pars 3, n. 388.

114   Ibid., n. 386.

115   Ibid., n. 400.

116   Alnwick, p. 44.

Mesmo que existam autores que colocam em questão a existência da representação na mente, como inútil intermediário entre o objeto e o intelecto, o ser intencional, em sua conexão com o conceito, terá uma longa descendência na filosofia ocidental, até Husserl e Brentano.

6.

Tentemos fixar em alguns pontos os resultados dessa sumária arqueologia do transcendental ou, ao menos, especificar nossa hipótese, segundo a qual os termos transcendentes da lógica medieval são o correlato mais ou menos consciente da intencionalidade da linguagem. Eles definem, nesse sentido, não um gênero supremo e mais geral em relação às categorias, mas resultam, sobretudo, do fato de que a linguagem existe. Se as categorias ordenam e delimitam aquilo que é dito por meio dos nomes (os *legomena* sem conexão), os termos transcendentais correspondem ao próprio fato de que se diz, de que se dão nomes; mas «que se diz» não é, de nenhum modo, um predicado mais comum e geral em relação ao dito. Nesse sentido, seria possível dizer que o lugar próprio do transcendental está na lacuna entre a significação e a denotação. Isto é, se nossa hipótese está correta, os transcendentais exprimem, sem tematizá-la de maneira consciente como tal, a própria relação entre a linguagem e o mundo, entre nossas representações e as coisas. Na história da metafísica, todavia, essa relação é interpretada como o significado mais geral e comum, a «coisa» como margem extrema da significação. A experiência do ser *aplos* como aquilo que responde ao puro dar-se da linguagem se desloca, assim, à dimensão última e limiar que seja possível atingir no pensamento. Como Dilthey mostrou, o conceito metafísico de substância (*ousia*) é apenas, desse ponto de vista, uma elaboração do conceito de coisa.[117] Ou seja, a linguagem atinge, no transcendental, um limiar, além do qual não há mais nenhum significado, a não ser o puro fato de que há significação, de que se dá a relação nua entre as representações e as coisas, independentemente de qualquer denotação. Por isso, os termos transcendentais não podem ser infinitizados e fazem confim com o nada.

A excedência do significante (*quid nominis*) sobre o significado (*quid rei*) teorizada por Duns Escoto tem, nesse limiar, seu lugar e, ao mesmo tempo, o âmbito de sua validade. A tentativa de manter, nesse ambíguo e extremo limiar, a concepção corrente da linguagem como voz significante é a raiz das aporias às quais o transcendental condena o pensamento. Para restituir o transcendental a seu lugar próprio, seria preciso nada menos que uma concepção da linguagem radicalmente outra em relação àquela que, ao menos a partir do *De interpretatione* aristotélico, domina nossa cultura. Nela, o caráter próprio da linguagem é definido mediante o cruzamento de palavras, conceitos (afecções da alma) e coisas. A palavra é *semantike*, significante, porque, por meio dos conceitos, significa as coisas e pode referir-se às coisas (isto é, ter uma denotação), porque os conceitos, dos quais a palavra é signo, são, por sua vez, similitudes (*omoiomata*) das coisas. Nessa concepção, nem a relação de significação entre as palavras e os conceitos, nem a relação entre os conceitos e as coisas são, de algum modo, explicadas. A intervenção de fato arbitrária da letra (o *gramma*) como uma espécie de *deus ex machina* que, ao articular as vozes, permite que signifiquem, trai o infundamento de uma concepção da linguagem que, há

---

117   Dilthey, p. 510.

apenas um século, a filosofia tentou recolocar em questão. E não é por acaso que Kant, no momento de evocar, na carta a Marcus Herz, «o mistério da metafísica que permanece até agora oculta a si mesma» que estava na origem de suas pesquisas, fez isso formulando a pergunta: «sobre qual fundamento repousa a relação entre aquilo que, em nós, chamamos de representações e o objeto?». E, não menos resolutamente, Platão perguntava, no *Crátilo* (422 d): «De que maneira os nomes primeiros, aos quais, de nenhum modo, outros nomes são pressupostos, manifestam os entes para nós?». A experiência da linguagem que aqui tem lugar não significa nem denota, mas nomeia e chama.

Em conjunto com essa concepção, está em questão aqui o dogma da intencionalidade, constantemente em ato desde Aristóteles até Husserl, segundo o qual todo pensamento e todo discurso se referem sempre a algo. Mesmo o ser é, nesse sentido, algo: o algo, o *aliquid*, o *Etwas* ou o *ti* que o pensamento e a linguagem, levados até sua extrema margem transcendental, não podem deixar de continuar a dizer e pensar. Pelo contrário, é preciso atestar que, enquanto se situa na lacuna entre a significação e a denotação, o pensamento de que a linguagem seja ou «que se diga» é, de todo, privado de qualquer intencionalidade, não é pensamento ou *logos* de *algo*. Aquilo que a ele corresponde não é uma dimensão-limite da significação, nem mesmo na forma mística de uma negação ou de uma noite escura, mas uma experiência absolutamente heterogênea em relação àquela: não uma lógica, mas uma ética, não um *logos*, mas um *ethos* ou uma forma de vida. Isto é, a ética é, antes de tudo, a experiência que se abre quando permanecemos em uma linguagem completamente a-intencional. Mais do que ser muda e inefável, ela é a palavra que encontramos quando a linguagem se libera de sua pretensão supositiva e pressuponente e dirige-se a si mesma, não como objeto de uma metalinguagem, mas como ritmo e escansão de um fazer, de uma *poiesis*.

Nas últimas páginas de sua *Introdução às ciências do espírito,* dedicadas à dissolução da disposição metafísica na modernidade, Dilthey mostrou que a metafísica não pode encontrar nada mais que um nexo lógico na realidade e que a ideia além da qual ela não pode proceder, em sua tentativa de ligar, em um todo representável, os conceitos últimos a que chegam as ciências naturais, é aquela de uma «pensabilidade» em geral, que é apenas «uma expressão abstrata para 'representabilidade'».[118] Nossa sumária arqueologia do transcendental nos levou a resultados não diferentes. A metafísica, já tornada «rainha de um reino de sombras», resolve-se em gnosiologia e em doutrina da ciência, e tal transformação do mundo no sujeito que o conhece coincide, segundo Dilthey, com a «eutanásia da filosofia».[119] Os conceitos transcendentais «coisa», «pensabilidade» e «representabilidade» são, com efeito, vazios e não só não podem assegurar nenhum domínio da metafísica sobre as ciências da natureza, como, em última análise, podem apenas ceder lugar não só e nem tanto a uma nova metafísica positivista, que substitui a substância pelos átomos e pelas partículas elementares, quanto também, e sobretudo, a um saber que pura e simplesmente renuncia, como acontece na física pós-quântica, a uma representação lógica do mundo.

---

118   Ibid., p. 518.
119   Ibid.

Capítulo quinto
O objeto transcendental = x

1.

Na trama conceitual da *Crítica*, três termos sempre voltam a sobrepor-se e a cruzar-se: puro, *a priori* e transcendental. O adjetivo «puro» (*rein*) aparece pela primeira vez na *Crítica* — prescinde-se do título — no Prefácio à primeira edição, no momento em que Kant anuncia querer estabelecer um tribunal (*Gerichtshof*) que garanta as pretensões legítimas da razão e condene aquelas sem fundamento. «Esse tribunal», escreve retomando o título do livro, «não pode ser outro senão a própria *Crítica da razão pura.*»[120] O que se deve entender aí com «pureza» é especificado logo depois: puro é um conhecimento «independente de toda experiência». E, contra quem pretende levar a razão humana além de qualquer limite da experiência possível (*über alle Grenze möglicer Erfahrung*), ele, a fim de evitar confusões, acrescenta: «Modestamente, confesso que aquilo supera totalmente minhas capacidades e, pelo contrário, lido apenas com a própria razão e seu puro pensamento [*ihrem reinen denken*]».[121] Depois, foram mencionados «conceitos puros do intelecto» e um «intelecto

---

120   Kant, 1960a, p. 13. [Ed. port.: I. Kant, *Crítica da razão pura*. Trad. Manuela Pinto dos Santos e Alexandre Fradique Morujão. Lisboa: Fundação Calouste Gulbenkian, 1997. p. 5.]

121   Ibid., p. 14. [Ed port., pp. 6-7.]

puro», e sua pureza se define mais uma vez em relação à experiência: «A questão principal permanece sempre aquela: o que e até onde o intelecto e a razão, livres de toda experiência, podem conhecer?»[122] («livre» [*frei*] é aí contraposto a «além» [*über*] de quem gostaria de superar os limites da experiência possível).

O termo «puro», nesse sentido, parece coincidir com *a priori*: «Pura», afirma a introdução, «é aquela razão que contém os princípios para conhecer algo simplesmente *a priori*».[123] Todavia, a relação entre os dois termos então fica mais clara: se são chamados de *a priori* os conhecimentos «que não dependem absolutamente de nenhuma experiência [...] de conhecimento *a priori* são então chamados também aqueles em que nada de empírico é misturado».[124]

Logo depois de ter definido a razão pura por meio do conhecimento *a priori*, Kant introduz o conceito de transcendental, estreitamente ligado aos dois termos precedentes: «Chamo transcendental a todo conhecimento que se ocupa não de objetos, mas de nossa modalidade de conhecimento, na medida em que esta deve ser possível *a priori*».[125] E seria possível chamar de transcendental a filosofia que contém «o sistema de todos os conceitos da razão pura».[126] Kant procura cuidadosamente distinguir aquilo que parece coincidir sempre: «Não se deve chamar de transcendental todo conhecimento *a priori*, mas apenas aqueles por meio dos quais conhecemos que e como certas representações (intuições ou

---

122   Ibid., p. 16. [Ed. port., p. 7.]
123   Ibid., p. 62. [Ed port., p. 53.]
124   Ibid., p. 46. [Ed port., p. 37.]
125   Ibid., p. 63 [Ed port., p. 53.]
126   Ibid., p. 64. [Ed port., p. 53.]

conceitos) são aplicadas ou são possíveis exclusivamente *a priori*: isto é, a possibilidade do conhecimento ou o uso [*der Gebrauch*] dele *a priori*».[127]

A sutileza da distinção nem sempre pode ser mantida. Assim, depois de ter dado a tabela das categorias, isto é, dos conceitos puros do entendimento, Kant afirma que elas têm um significado (*Bedeutung*) «simplesmente ['nuamente', segundo o primeiro significado do adjetivo *bloss*, aqui usado como advérbio] transcendental, mas não têm nenhum uso transcendental».[128] Aliás, esclarece poucas linhas depois, «dado que elas, como categorias puras [*bloss reine Kategorien*], não devem ser de uso empírico e não podem ser de uso transcendental, não são então de uso algum [*von gar keinem Gebrauch*], se desligadas de toda sensibilidade, isto é, não podem mais ser aplicadas a um pretenso objeto; são, antes, simplesmente [de novo *bloss*] a forma pura do uso intelectual em relação aos objetos em geral e ao pensamento, sem que por meio delas se possa pensar ou determinar nenhum objeto».[129] Pouco antes, todavia, Kant havia evocado justamente esse impossível «uso transcendental» a propósito de algo que havia chamado de um objeto transcendental nu («O pensamento é o ato de referir uma intuição dada a um objeto. Se a espécie dessa intuição não é de modo algum dada, então o objeto [*der Gegenstand*] é simplesmente [*bloss*] transcendental e o conceito tem apenas uso transcendental»[130]).

---

127   Ibid., p. 101. [Ed port., p. 92.]
128   Ibid., p. 276. [Ed port., p. 263.]
129   Ibid. [Ed port., p. 265.]
130   Ibid. [Ed port., p. 264.]

2.

É o estatuto desse paradoxal «objeto transcendental» que é preciso procurar definir, pois o que está em questão aí é justamente a «distinção de todos os objetos em geral em fenômenos e númenos» que dá título ao capítulo. Aí, transcendental significa que nele, a partir do momento em que se abstraiu de toda intuição sensível, «nenhum objeto [*kein Objekt*] é determinado, mas apenas é expresso de vários modos o pensamento de um objeto em geral».[131]

Na primeira edição, a passagem citada continuava explicando como a distinção entre fenômenos e númenos (mundo sensível e mundo inteligível) fundava-se no fato de que nosso intelecto tende a referir ilegitimamente nossas representações ao conceito de algo em geral, «que é apenas o objeto transcendental». «Este, porém», explicava Kant, «significa um algo = x, do qual não sabemos nada e do qual, dada a atual condição de nosso intelecto, não podemos saber absolutamente nada, mas que pode servir apenas como um correlato à unidade de apercepção.»[132] Tal «objeto transcendental» é apenas «o pensamento absolutamente indeterminado de algo em geral [*Etwas überhaupt*]». E esse «não pode ser chamado um númeno, pois eu não sei dele o que é em si e dele não tenho nenhum conceito, a não ser apenas [*bloss*] isso, que é o objeto de uma intuição em geral e é, por isso, o mesmo para todos os fenômenos».[133] A ambiguidade (*Zewideutigkeit*) em que o entendimento desse modo cai é que ele troca «o conceito de todo indeterminado de um ser

---

131   Ibid. [Ed. port., p. 264.]
132   Ibid., p. 280. [Ed port., p. 266.]
133   Ibid., p. 281. [Ed port., p. 267.]

inteligível [*Verstandwesen*] por algo em geral além de nossa sensibilidade».[134]

É evidente que «o objeto em geral = x» corresponde pontualmente àquilo que os lógicos medievais pensavam como o transcendente «coisa» (*res a reor*, distinta da *res rata*, da coisa real — nos termos kantianos, de uma intuição dada à sensibilidade). Isso é tanto mais verdade dado que o texto kantiano se esclarece quando colocado em relação com a teoria da significação linguística de Ockham. O que ele chama «significado [*Bedeutung*] transcendental» é a *significatio* dos medievais, e o que ele chama «uso» é a *suppositio* (a denotação) de Ockham. Do ponto de vista de uma análise linguística — em Kant, como Hamann lhe reprovava, de fato faltante —, as categorias são termos que têm um significado, mas não uma denotação, e o erro consiste justamente em supor uma denotação (a referência a um objeto) onde ela só pode faltar.

3.

É nesse ponto que Kant introduz o conceito de «uma ilusão difícil de evitar» (*eine schwer zu vermeidende Täuschung*),[135] a qual, pouco depois, tornar-se-á «uma aparência transcendental inevitável e tal que não cessa mesmo quando sua nulidade é revelada e vista por meio da crítica transcendental».[136] A causa dessa ilusão é que nossa razão troca princípios subjetivos por uma determinação objetiva das coisas e pretende fazer ilicitamente um *uso* transcendental de um conceito que tem apenas um *significado* transcendental. Na sequência,

---

134   Ibid., p. 277. [Ed. port., p. 263.]
135   Ibid., p. 276. [Ed. port., p. 266.]
136   Ibid., p. 310. [Ed. port., p. 297.]

Kant volta a insistir no caráter inevitável e mesmo natural dessa ilusão (*natürliche und unvermeidlich Illusion*),[137] que é inseparavelmente ligada à razão humana e que, portanto, não deixará «de atraí-la e colocá-la incessantemente em erros [*in Verirrungen zu stossen* — quase uma citação do *aei aporoumenon* de Aristóteles]».[138]

De fato, ao tolher dos conceitos puros do intelecto «a única intuição para nós possível», que nos é dada pela sensibilidade, eles são apenas formas do pensamento (*Gedankenformen*), com as quais não nos é dado nenhum objeto; e, todavia, a ilusão transcendental nos leva a pensar, além dos seres sensíveis (*phaenomena*), seres inteligíveis (*noumena*), e pretende ter deles uma «espécie de conhecimento».[139] «Mas aqui se apresenta de imediato uma ambiguidade [*Zweideutigkei*], que pode produzir um grande mal-entendido, uma vez que o entendimento, quando chama de fenômeno um objeto que está numa relação, faz para si a um tempo, fora desta relação, uma representação de um objeto em si [*Gegenstand na sich selbst*] [...] mas assim é induzido a considerar o conceito de fato indeterminado de um ser inteligível, isto é, um algo em geral [*einem Etwas überhaupt*] fora de nossa sensibilidade, como o conceito determinado de um ser, que podemos conhecer por meio do entendimento.»[140]

É preciso reler nessa perspectiva a digressão sobre a «filosofia transcendental dos antigos» que Kant introduziu na segunda edição da *Crítica*, logo depois de ter apresentado

---

137   Ibid., p. 311. [Ed. port., p. 297.]
138   Ibid. [Ed. port., p. 298.]
139   Ibid., p. 276. [Ed. port., p. 267.]
140   Ibid., pp. 275-6. [Ed. port., p. 268.]

a tabela das categorias. Trate-se, ou não, como foi sugerido,[141] de um «definitivo acerto de contas» com a metafísica escolástica (em particular na formulação que esta havia atingido em Baumgarten), é certo que ele pretendia mostrar a heterogeneidade e a insuficiência dos transcendentais escolásticos *ens unum verum bonum* em relação à própria dedução dos conceitos puros do intelecto. «Esses presumidos predicados transcendentais das coisas», ele escreve, «nada mais são do que exigências lógicas e critérios de todo conhecimento das coisas em geral», que, todavia, os antigos trocavam pelas propriedades das próprias coisas.[142] Longe de completar a tabela transcendental das categorias, quase como se ela fosse incompleta, eles nada lhe acrescentam e, como a relação desses conceitos com os objetos foi colocada completamente de lado, só podem se referir ao acordo do entendimento consigo mesmo.

Pode-se aqui perguntar se, em Kant, o impulso polêmico não prevaleceu sobre a objetividade histórica. Os filósofos escolásticos, como Henrique de Gante e Buridan, eram, com efeito, perfeitamente conscientes da distinção entre forma do pensamento (*res a reor*) e objetos reais (*res rata*); e, se neles se produzia uma ambiguidade, isso, para Kant, só podia ser uma consequência daquela ilusão transcendental que ele mesmo havia declarado inevitável.

4.

O problema do qual Kant está procurando sair é a inevitável tendência de nosso intelecto e de nossa linguagem a referir-se a um objeto mesmo quando ele falta. Há — ou parece haver

141   Leisegang, p. 404.
142   Kant, 1960a, p. 124. [Ed. port., p. 116.]

— em nossas representações uma capacidade de referir-se aos objetos de cujo fundamento não é fácil sair. É nesse problema que Kant, na carta a Marcus Herz de 21 de fevereiro de 1772, identifica o ponto de partida de suas pesquisas sobre a metafísica.

«Enquanto examinava ponto por ponto a parte teórica em toda sua amplitude, com as relações recíprocas de todas suas partes, dei-me conta de que ainda me faltava algo essencial, de que também eu tinha, como já outros, descuidado-me em minhas pesquisas metafísicas e que, de fato, constitui a chave de todo o mistério da metafísica que, até agora, permanece escondida de si mesma [*den Schlüssel zum ganzen Geheimnis der bis dahin sich selbst noch verborgenen Metaphysik ausmacht*]. Na verdade, eu me perguntava em qual fundamento repousa a relação entre o objeto e aquilo que nós chamamos, em nós, de representações [*auf welchem Grund beruth die Beziehung desjenigen, was man in uns Vorstellungen nennt auf den Gegenstand*].»

Responder não seria difícil se a representação contivesse apenas o modo como o sujeito é passivamente impressionado pelo objeto, ou se aquilo que nós chamamos, em nós, de representação fosse, pelo contrário, ativo e produzisse, ele próprio, o objeto.

«Exceto que», prossegue Kant, «nem nosso intelecto é a causa do objeto por meio de suas representações, nem o objeto é a causa das representações dos intelectos. Os conceitos puros do intelecto não devem, portanto, ser abstraídos das impressões dos sentidos e tampouco exprimir a receptividade das representações por meio dos sentidos, mas devem, sobretudo, ter suas fontes na natureza da alma; todavia, não enquanto eles são causados pelo objeto, e tampouco enquanto o produzem.»

Kant sustenta ter respondido essa pergunta com a elaboração transcendental da tabela dos conceitos puros do intelecto. «Enquanto procurava as fontes do conhecimento intelectual, sem as quais não é possível determinar a natureza e os limites da metafísica, subdividi essa ciência em partes essencialmente diversas e procurei a filosofia transcendental, ou seja, conduzir todos os conceitos da razão inteiramente pura a certo número de categorias [*die Transzendentalphilosophie, nämlich alle Begriffe der gänzlich reinen Vernunft, in eine gewisse Zahl von Kategorien zu bringen*].» Como transcendental é aí definida a filosofia, uma vez que diz respeito «à razão inteiramente pura», isto é, independente da experiência. Foi notado que, na carta, Kant parece, todavia, referir-se tanto ao uso desses conceitos em relação aos dados da sensibilidade como a seu uso em relação às coisas em si. O transcendental é, com efeito, um conceito ambíguo, que se refere tanto à possibilidade de um conhecimento *a priori* que, unido à sensibilidade, permite pensar os objetos da experiência, como ao objeto transcendental e ao númeno, que não são objetos, mas conceitos vazios sobre os quais não é possível nenhum conhecimento. Ou seja, do transcendental, há tanto um uso legítimo em relação aos dados da sensibilidade como um uso ilegítimo, que diz respeito ao «objeto transcendental nu», perfeitamente correspondente ao supratranscendental dos escolásticos. E transcendental é também a ilusão, em relação à qual a crítica deve incansavelmente estar atenta, que nos faz ver um objeto onde, na realidade, não há nada e pretende pensar onde não há mais nada a pensar. Portanto, não surpreende que, em primeiro lugar na tabela do nada que conclui a lógica transcendental, o númeno figure como *ens rationis* ou «conceito vazio sem objeto», ao lado da simples negação (a sombra, o frio), do *ens imaginarium* (o espaço e o tempo, que não são objetos, mas formas da intuição) e da pura e simples contradição (uma figura retilínea de dois lados).[143] Do ponto de vista linguístico, temos aí de lidar com um termo que, exatamente como a «coisa» e os supratranscendentais dos escolásticos, tem um significado, mas não um uso ou uma denotação.

A possibilidade ou a impossibilidade de uma metafísica em geral, sobre a qual Kant se propôs a decidir, coincide com a saída do mal-entendido em que havia caído a razão em relação a si mesma. A partir do momento em que «o entendimento e a sensibilidade podem determinar objetos apenas em sua união» e, uma vez separados, dão lugar «apenas a representações que não podem ser referidas a nenhum objeto determinado»,[144] a crítica deve assegurar que os conceitos puros do intelecto permaneçam vazios de objetos, e os termos metafísicos, privados de denotação.

5.

Há, porém, um âmbito em que o número desempenha uma função que lhe garante a necessidade e assegura à metafísica, que «era, há um tempo, chamada de rainha de todas as ciências»,[145] sua legítima pretensão real. Trata-se de sua capacidade «de limitar a validade do conhecimento sensível», de modo que ela não estenda seu domínio à esfera do intelecto puro. Nesse sentido é que deve ser compreendida a célebre definição do número como um «conceito-limite [*bloss ein Grenzbegriff*] para delimitar as pretensões da

---

143   Ibid., p. 307. [Ed. port., p. 293.]
144   Ibid., p. 284. [Ed. port., p. 272.]
145   Ibid., p. 11. [Ed. port., p. 3.]

sensibilidade».[146] Enquanto traça essas intransitáveis fronteiras, o conceito de número, como a ilusão transcendental, «permanece não apenas admissível, mas, antes, inevitável».[147]

Isso significa, observando bem, que os próprios conceitos da metafísica, tomados em si mesmos, são de fato vazios e não têm outro objetivo senão o de dar um limite e, ao mesmo tempo, um fundamento às ciências particulares. Um fundamento, se colocado em relação, em seu uso empírico, com a experiência sensível; um limite, em seu uso transcendental nu, exterior a toda relação com a sensibilidade. O que, na realidade, a crítica estabelece com certeza é que não existem outros objetos senão os da experiência (isto é, em última análise, os objetos das ciências). O número e o objeto transcendental não são objetos, mas o lugar vazio em que o pensamento literalmente não tem nada para pensar. A metafísica só tem sentido se, a cada vez, deparar-se com um mal-entendido e uma ilusão dos quais, todavia, jamais pode livrar-se definitivamente, condenada, como é, a vagar «em um vasto oceano tempestuoso, reino próprio da aparência, onde neblinas espessas e bancos de gelo prontos para se liquefazerem dão, a todo instante, a ilusão de novas terras».[148]

Mais uma vez, o primado da rainha de todas as ciências recebe uma confirmação e, ao mesmo tempo, uma peremptória restrição a favor das ciências. Isso explica por que, por um lado, um ano antes da segunda edição da *Crítica*, Kant publicou os *Princípios metafísicos da ciência da natureza,* em cujo prefácio se lê que «uma ciência da natureza propriamente dita pressupõe uma Metafísica da natureza» e que

---

146   Ibid., p. 282. [Ed. port., p. 270.]

147   Ibid. [Ed. port., p. 271.]

148   Ibid., p. 267. [Ed. port., p. 257.]

«uma doutrina racional da natureza merece o nome de ciência apenas se as leis naturais, que são seu fundamento, são conhecidas a priori»;[149] mas, por outro lado, no prefácio à segunda edição da *Crítica* (no qual os únicos nomes próprios que aparecem são, à parte a menção incidental de Sócrates, os dos cientistas: Galileu, Torricelli, Stahl, Copérnico), ele pôde assumir a matemática e a física como exemplos da revolução que a metafísica deve atravessar para colocar-se «no caminho seguro da ciência», no qual não se teve, até agora, a «boa sorte [*das Schicksal* — o destino] para poder traçá-lo».[150]

Ainda mais notável é a singularidade do gesto kantiano. O transcendental é o forte no qual a metafísica, diante do progresso incessante das ciências, encastelou-se para manter, de algum modo, seu primado sobre elas, pretendendo assim limitar e, ao mesmo tempo, fundar seu âmbito de validade. Para fazer isso, ela teve de se esvaziar de toda referência à experiência e ter cuidado com a ilusão que não cessava de desviá-la de sua morada transcendental deserta. O que de fato aconteceu e não podia não acontecer é que as ciências seguiram seu irrefreável desenvolvimento sem cuidar nem dos limites nem dos fundamentos, e a rainha teve de aceitar a perda de todo controle sobre seus pretensos súditos e vassalos.

No entanto, de um fato ela pode se alegrar, ou seja, de que ao menos em um ponto as ciências acabaram mais ou menos inconscientemente por ater-se a suas prescrições. A física pós-quântica de fato renunciou a toda pretensão de chegar à realidade das coisas em si mesmas e, pelo contrário, postulou a interdependência entre a operação do pesquisador

---

149   Kant, 1960b, pp. 12-3.
150   Kant, 1960a, p. 24. [Ed. port., p. 18.]

e os fenômenos sobre os quais intervém no experimento. Trata-se, todavia, de uma consolação muito pobre, a partir do momento em que o próprio conceito de realidade foi colocado fora de jogo e substituído pela probabilidade. O númeno, que guardava o limiar inviolável da coisa em si, real, mas para nós desconhecida, foi agora substituído por um algoritmo que, a cada vez, adquire, no experimento, uma presença pontual e aleatória.

A transformação kantiana da metafísica em ciência das condições de possibilidade do conhecimento tem seu êxito na *Doutrina da ciência,* de Fichte. A filosofia, que procura a todo custo afirmar-se como ciência, pode fazê-lo apenas tornando-se «ciência da ciência»: «O que até agora foi chamado filosofia seria, por isso, a ciência de uma ciência em geral».[151] Que, diante do desenvolvimento das ciências da natureza, o problema se tornou o do estatuto da filosofia em relação a elas é algo evidente na tese de que, na forma de «um saber do saber», a metafísica mantém seu domínio sobre o sistema das ciências. «A doutrina da ciência deve dar sua forma não apenas a si mesma, mas também a todas as outras ciências possíveis e assegurar a validade dessa forma para todas.»[152] As ciências se situam em relação à doutrina da ciência, com efeito, «na relação daquilo que é fundado com seu fundamento».[153] Reaparecem nesse ponto todas as aporias que acompanham a filosofia primeira já desde Aristóteles até sua constituição como ciência transcendental. Se «o sistema do saber humano é único»,[154] então «todas as proposições, que se colocam como princípios fundamentais em qualquer ciência particular, são também, ao mesmo tempo, proposições da doutrina da ciência»[155] e já não serão ciências

---

151   Fichte, p. 9. [Ed. bras.: J. Fichte; F. Schelling, *Escritos filosóficos.* Trad. Rubens Rodrigues Torres Filho. São Paulo: Abril Cultural, 1973. p. 19.]

152   Ibid., p. 16. [Ed. bras.., p. 22.]

153   Ibid., p. 21. [Ed. bras., p. 24.]

154   Ibid., p. 27. [Ed. bras., p. 27.]

155   Ibid., p. 21. [Ed. bras., p. 24.]

particulares, «mas apenas partes de uma única e mesma doutrina da ciência».[156] A doutrina da ciência, todavia, para existir como ciência em si, deve ser ciência de algo e ter, consequentemente, um objeto próprio; mas esse pode ser apenas o sistema do saber humano em geral.[157] O problema do qual a filosofia em vão buscará sair é, mais uma vez, o de dar consistência objetiva a algo que não pode nem deve ser concebido como um objeto.

---

156   Ibid., p. 22. [Ed. bras., p. 24.]
157   Ibid. [Ed. bras., p. 25.]

Capítulo sexto
O animal metafísico

1.

Um exame da recepção da filosofia primeira aristotélica na história da filosofia poderia ter começado por seu fim, isto é, pela refundação e superação heideggeriana da metafísica, na qual as dificuldades e as contradições do problema parecem atingir uma articulação decisiva. A relação privilegiada de Heidegger com o pensamento de Aristóteles, por ele certa vez definido como «mais grego» do que Platão, é óbvia. Não é de estranhar, todavia, que já cedo ele se defronte com aquilo que definirá como a constituição ontoteológica da metafísica aristotélica e continue a fazê-lo até a fase mais tardia de seu pensamento.

Já no curso de 1924-1925 sobre o *Sofista* de Platão, o problema é colocado com clareza em seus elementos constitutivos. Heidegger parte da tese aristotélica de uma ciência que contempla o ente enquanto ente e observa imediatamente que, para tal ciência, é inerente, desde o início, uma duplicidade: «Essa ideia da filosofia primeira, como a chama Aristóteles, compreendida como ciência originária do ente, é por ele cruzada com outra ciência fundamental, que ele chama *theologike*».[158] Aristóteles não conhece o termo «on-

---

158   Heidegger, 1992, p. 250. [Ed. Bras.: M. Heidegger, *Platão: o sofista*. Trad. Marco Antônio Casanova. Rio de Janeiro: Forense Universitária, 2012. p. 249.]

tologia», como na sequência será chamada a ciência do ente enquanto ente: «Tanto a teologia como a ontologia recebem o nome de *prote philosophia*».[159] Com uma pouco velada alusão à interpretação de Jaeger e Natorp, Heidegger define como «estéril» qualquer tentativa de encontrar uma mediação entre ontologia e teologia em Aristóteles. Trata-se, antes, de compreender por quais razões a «ciência grega chegou a tal caminho, aportando nessas duas ciências fundamentais, ontologia e teologia».[160] Essas razões coincidem com a concepção que os gregos tinham do ser como presença (*Anwesenheit*): para eles, «o ente é o que está presente em sentido próprio». Se o tema da ontologia é a presença do ente em geral, «não cortado na medida de um setor particular», a teologia, por sua vez, contempla o ente «naquilo que ele é desde o princípio, naquilo que constitui no sentido mais próprio e supremo a presença do mundo».[161] Não há, portanto, nenhuma contradição na dupla articulação da primeira filosofia; antes, «a evolução da ciência grega é levada para dentro dessas duas dimensões originárias da meditação sobre o ser». O problema não está tanto na aparição da teologia, que «no interior dessa impostação resulta relativamente clara seja para os gregos seja para nós», quanto na própria ontologia, em relação à qual é sempre preciso interrogar a relação entre as características universais que dizem respeito a qualquer ente como tal e o ente individual em concreto. O que nessa interrogação se mostra, portanto, não é nada menos que o problema da diferença ontológica entre o ser e o ente, que se tornará um dos temas

---

159   Ibid.
160   Ibid.
161   Ibid.

centrais do pensamento de Heidegger. Mas sobre essa que é a «problemática fundamental da ontologia dos gregos e Aristóteles até a presente era, é possível dizer que, de fato, não demos nenhum passo adiante, aliás, que a posição a que os gregos haviam chegado foi para nós perdida e que, assim, não compreendemos mais nem mesmo tais questões».[162]

É significativo que, pouco antes, Heidegger coloque o problema da relação entre a filosofia primeira e as outras ciências. Comentando a afirmação de Aristóteles segundo a qual a ciência do ente enquanto ente é diversa das ciências ditas particulares (*en merei*), que cortam uma parte do ente e contemplam seus acidentes, ele articula consequentemente a relação entre a filosofia primeira e as outras ciências, de um modo que permanecerá constante em seu pensamento. «Existem ciências que, do todo do ente, cortam determinados setores, dirigem-se a tais setores e os elaboram no *legein* exclusivamente como tais. Cada uma dessas ciências possui, como nós dizemos, seu âmbito específico. A cada setor de tais ciências corresponde uma determinada *aisthesis*, uma percepção originária em que é apreendido, de modo mais ou menos explícito, o caráter fundamental de certo âmbito: na geometria, a relação espacial ou posicional; na *physike*, o ente enquanto é movido.»[163] É essa óbvia determinação da relação entre a metafísica e as ciências particulares que seria preciso sobretudo colocar em questão.

2.

Também no curso de 1926 sobre os *Conceitos fundamentais da filosofia antiga*, contra Jaeger, que «sustenta que

---

162   Ibid., p. 252. [Ed. bras., p. 251.]
163   Ibid., p. 239. [Ed. bras., p. 236.]

Aristóteles não soube sair do problema do ser», Heidegger afirma que o duplo conceito (*Doppelbegriff*) da filosofia primeira é «intimamente coerente».[164] Com a posição de uma ciência do ente enquanto ente, «também é colocada necessariamente a pergunta sobre o ente no qual o ser autêntico se mostra da maneira mais pura [...] e é uma questão secundária se tal ente é o primeiro motor ou o primeiro céu». A teologia «não constitui uma ciência especial, mas uma ciência ontologicamente orientada: ciência daquilo que o ser propriamente significa, assim como do ser que propriamente é; ciência do ser e do ente supremo».[165]

No curso de 1928 sobre os *Princípios metafísicos da lógica*, o duplo caráter da filosofia primeira é mais uma vez reforçado e, ao mesmo tempo, ainda mais problematizado: «A filosofia é ontologia ou teologia? Ou ambas ao mesmo tempo? O que é buscado sob a denominação 'teologia' encontra-se realmente na essência da filosofia, concebida de modo total e radical? Ou aquilo que aparece em Aristóteles como teologia é apenas um resíduo de seu período juvenil? [...] Esses problemas não podem ser resolvidos só com uma interpretação histórico-filológica — ao contrário, mesmo essa última tem necessidade de ser guiada por uma compreensão dos problemas que esteja à altura do que nos foi legado. E primeiro temos de obter tal compreensão».[166]

Qual seja essa compreensão é algo sugerido mais adiante, em referência à posição de uma ontologia fundamental em *Ser e tempo*, isto é, por meio da diferença entre

---

164   Heidegger, 1993, p. 409.
165   Ibid., p. 410.
166   Heidegger, 1990, p. 29.

108

ser e ente e a relação entre o ser-aí[167] e o ser: «A necessidade interna, que a ontologia lança de volta para onde começou, pode ser explicada com o fenômeno originário da existência humana: com o fato de que o ente 'homem' compreende o ser; na compreensão do ser se tem, ao mesmo tempo, a atuação da distinção entre ser e ente; há ser apenas quando o ser-aí compreende o ser».[168]

A definição da metafísica como ontoteologia aparece no curso de 1930-1931 sobre a *Fenomenologia do espírito de Hegel*. Aí, Aristóteles é evocado no contexto de uma interpretação de Hegel, mas o decisivo é que «a expressão onto-teo-logia deve nos indicar a orientação mais central do problema do ser, não o nexo com uma disciplina chamada 'teologia'».[169] Como já o curso de 1927 sobre os *Problemas fundamentais da fenomenologia* havia especificado, a definição aristotélica da filosofia primeira como teologia «não tem nada a ver com o conceito hodierno de uma teologia cristã como uma ciência positiva. Em comum há só a palavra».[170]

---

167 Para fazer referência ao *Dasein* de Heidegger, Agamben, como em geral é feito em língua italiana, utiliza o termo *esserci*, verbo que significa *haver*, *existir*. Há algumas possibilidades de traduzir *esserci* ao levar em conta a referência ao *Dasein*. Entretanto, como não convém trazer todo o debate a respeito dessas possibilidades, e como não há uma convergência entre os tradutores brasileiros (por exemplo, «estar-aí», em Ernildo Stein; «pre-sença», em Márcia de Sá Cavalcante), optei, por uma questão de afinidade às demais traduções de *Dasein* nas línguas neolatinas (em francês costuma-se utilizar *être-là,* em espanhol, *ser-ahí*), por *ser-aí,* que também aparece em diversas traduções para o português. [N. T.]

168 Heidegger, p. 186.

169 Heidegger, 1980a, p. 153.

170 Heidegger, 1975, p. 38. [Ed. Bras.: M. Heidegger, *Os problemas fundamentais da fenomenologia*. Trad. Marco Antonio Casanova. Petrópolis--RJ: Vozes, 2012. p. 48.]

No curso sobre Hegel, Heidegger submete a uma crítica sem reservas o modo como é tradicionalmente compreendida a relação entre a filosofia e a ciência. «Por que a filosofia é chamada 'a ciência'? Somos inclinados — porque habituados — a explicar assim essa identificação: a filosofia assegura às ciências existentes ou possíveis os fundamentos, isto é, a delimitação e a possibilidade de seus âmbitos — por exemplo, natureza e história — e a fundação de seus procedimentos. Como fundação de todas as ciências, apenas a filosofia pode, com razão, ser ciência, pois não pode ser menos do que aquilo que dela deve emanar: as ciências [...]. Essa concepção da filosofia é viva desde os tempos de Descartes e, desde então, foi desenvolvida de vários modos, mais ou menos explícitos e complexos. Ela condicionou os séculos sucessivos e procurou sua justificação retrospectiva na filosofia antiga, para a qual a filosofia também constituía um saber, aliás, o saber mais alto. Essa representação da filosofia como *a* ciência ganhou cada vez mais espaço no século XIX até nossos dias; mas não em consequência de uma íntima plenitude sua ou por força de um impulso originário do filosofar, mas, como no neokantismo, por causa da perplexidade acerca da tarefa própria da filosofia, que dela pareceu ter sido usurpada quando as ciências acabaram invadindo todos os âmbitos do real. À filosofia restava apenas a tarefa de fazer-se ciência de todas as ciências.»[171] A crítica não poupa seu mestre Husserl, e conclui-se com a tese radical segundo a qual «a filosofia não pode voltar a seus problemas fundamentais se compreende a si mesma em primeiro lugar como fundação do saber e das ciências sobre o fio condutor de uma cientificidade rigorosa».[172]

3.
É na introdução, acrescentada em 1949, de *O que é a metafísica?*, cujo título é *O retorno ao fundamento da metafísica*, e na conferência de 1964, *O fim da filosofia e a tarefa do*

---

171 Heidegger, 1980a, pp. 38-9.
172 Ibid., p. 42.

pensamento, que Heidegger procura sair definitivamente do problema da metafísica. A metafísica é aí imediatamente definida por meio do esquecimento do ser em nome e em favor do ente: «Em todo lugar em que se coloca a pergunta sobre o que é o ente, é o ente como tal que se oferece à vista. A representação metafísica deve essa visão à luz do ser. A luz, isto é, aquilo que tal pensamento experimenta como luz, não pertence à visão desse pensamento, pois este representa o ente para si apenas e sempre do ponto de vista do ente [...] Na medida em que sempre representa apenas o ente como ente, a metafísica não pensa o ser mesmo».[173] Retomando a imagem da carta de Descartes a Picot, que abre a introdução, trata-se de pensar o solo — o ser — no qual a filosofia lança suas raízes metafísicas. «O fundo é fundo para a raiz», mas a raiz como raiz não se volta para o solo e «se esquece deste em favor da árvore». Por isso, um pensamento que procure restituir a metafísica e pensar o ser e não apenas o ente enquanto ente não pode senão abandonar, de algum modo, a metafísica (*die Metaphysik in gewisser Weise verlassen*).[174] Ou seja, o que está em questão para esse pensamento é a superação da metafísica: «No pensamento que pensa a verdade do ser, a metafísica é superada [*überwunden*]. A pretensão da metafísica de dominar a relação constituinte para o ser e definir de modo normativo toda relação com o ente como tal se torna caduca».[175] É significativo que a peremptoriedade dessa superação logo tenha sido temperada e que o sintagma seja colocado entre aspas: «Essa 'superação da metafísica'», acrescenta Heidegger, «todavia não coloca de

---

173 Heidegger, 1978, pp. 361-2.
174 Ibid., p. 363.
175 Ibid.

lado a metafísica. Enquanto o homem permanece um *animal rationale*, ele é o *animal metaphysicum*. Uma vez que o homem compreende a si mesmo como o vivente dotado de razão, a metafísica pertence, segundo as palavras de Kant, à natureza do homem. Ao contrário, se consegue voltar atrás no fundamento da metafísica, o pensamento poderia permitir uma mudança da essência do homem, da qual seguiria uma transformação da metafísica.»[176]

É retrocedendo em direção a esse fundamento que Heidegger se defronta, mais uma vez, com a dupla configuração da filosofia primeira aristotélica. «A metafísica diz o que é o ente enquanto ente [...]. Mas a metafísica representa a essência do ente em uma dupla modalidade [*in zwiefacher Weise*]: de um lado, a totalidade do ente como tal, no sentido de seus traços mais gerais (*on katholou, koinon*); de outro, ao mesmo tempo, a totalidade do ente no sentido do ente supremo, isto é, divino (*on katholou, akrotaton, theion*). O desvelamento do ente como tal toma forma na metafísica de Aristóteles nessa duplicidade. Justamente porque leva à representação o ente enquanto ente, a metafísica é, em si, em uma unidualidade [*zwiefach-einig*], a verdade do ente como Geral e como Supremo. Ela é, em sua essência, ao mesmo tempo ontologia em sentido estrito e teologia. Essa essência ontoteológica da filosofia propriamente dita (*prote philosophia*) tem seu fundamento no modo pelo qual o *on* justamente enquanto *on* chega por ela ao aberto. O caráter teológico da ontologia não repousa no fato de que a metafísica grega foi mais tarde assumida pela teologia da cristandade e por ela transformada. Repousa sobretudo no

---

176   Ibid.

modo pelo qual o ente, desde o início, desvelou-se enquanto ente [...]. A metafísica, na qualidade de verdade do ser como tal, é dupla [*zwiegestaltig* — com uma dupla forma]. Mas o fundamento dessa duplicidade e sua proveniência escapam à metafísica, e não por acaso ou por negligência. A metafísica assumiu essa dupla forma por ser aquilo que é: a representação do ente enquanto ente. A metafísica não tem escolha. Como metafísica, ela é excluída, por causa de sua própria natureza, da experiência do ser.»[177]

Por isso, também a «ontologia fundamental» que, em *Ser e tempo*, definia o copertencimento do ser-aí e do ser é, nesse ponto, declarada insuficiente. «Dado que esse pensamento (que tenta pensar a verdade do ser) ainda se caracteriza como ontologia fundamental, com esse nome obstaculiza e obscurece seu caminho. O termo 'ontologia fundamental' sugere, com efeito, que o pensamento que tenta pensar a verdade do ser e não a verdade do ente seja ainda, como ontologia fundamental, uma espécie de ontologia.»[178]

4.

O problema da constituição ontoteológica da metafísica está no centro da conferência, de mesmo título, proferida em Todtnauberg, em 25 de fevereiro de 1957, como fechamento de um seminário sobre Hegel. Heidegger coloca aí a pergunta: «De que modo Deus entra na filosofia, não apenas na filosofia moderna, mas na filosofia como tal?». A partir do momento em que Deus pode entrar na filosofia apenas se a filosofia, em sua própria essência, exige seu ingresso, a pergunta se traduz de forma imediata em outra: «De onde

---

177   Ibid., pp. 373-4.
178   Ibid., p. 375.

vem a constituição ontológica da metafísica?». Colocar essa pergunta no contexto do pensamento de Hegel significa situá-la em uma dimensão em que o ser é concebido como pensamento e a ontoteologia se apresenta, consequentemente, como onto-teo-lógica. Se, em Hegel, a metafísica se torna assim «ciência da lógica», isso é porque o ser se desvela na forma do logos e o logos é compreendido como fundamento. E é nesse cruzamento de logos e fundamento que se situa, segundo Heidegger, o ingresso de Deus na filosofia: «O modo essencial pelo qual o ser se mostra é o fundamento. Consequentemente, a questão do pensamento, o ser do fundamento, é pensada até o fundo apenas se o fundamento é apresentado como fundamento primeiro, como *prote arche*. A questão original do pensamento se apresenta como a coisa originária [*Ur-sache*], como *causa prima* [...]. O ser do ente é representado como fundamento apenas como *causa sui*. Essa expressão nomeia o conceito metafísico de Deus».[179] A tal figura metafísica do divino, que, ainda que Heidegger não nomeie a metafísica aristotélica e medieval, estende-se para muito além da ontologia hegeliana, «não é possível nem dirigir preces nem oferecer sacrifícios. Diante da *causa sui*, o homem não pode ajoelhar-se com reverência nem fazer música ou dançar».[180]

Contra esse paradigma metafísico no qual o ser e o Deus são apenas figuras lógicas, Heidegger procura pensar o ser a partir da diferença — que, na metafísica, permanece impensada — entre ser e ente. «A metafísica corresponde ao ser como logos e é, portanto, em seu caráter fundamental, sobretudo lógica, mas uma lógica que pensa o ser do ente

---

179   Heidegger, 2006, p. 67.
180   Ibid., p. 77.

[...]: onto-teo-logica. Na medida em que a metafísica pensa o ente como tal em sua totalidade, ela representa o ente em relação ao diferente da diferença, sem pensar a diferença como diferença. O diferente se mostra, assim, como o ser do ente em geral e como o ser do ente supremo.»[181]

Sair da constituição ontoteológica da metafísica, pensar a diferença como tal, significa, pelo contrário, pensar a *Austrag*, a recíproca decisão de ser e ente, seu cruzar-se e «girar um ao redor do outro».[182]

5.

É possível, neste ponto, tentar definir a estratégia extrema de Heidegger em relação à metafísica. Ele substitui a cisão do objeto da filosofia primeira entre o ente enquanto ente e o divino por outra e mais originária cisão, aquela entre o ser e o ente (a diferença ontológica). O objeto da filosofia permanece, desse modo, cindido — e, se o pensamento tardio de Heidegger consiste justamente na tentativa de superar essa cisão, é no mínimo duvidoso que ele tenha conseguido superá-la. Se, na conferência de 1957, o tema do pensamento é assim a *Austrag*, a relação circular entre o ser e o ente, na conferência de 1964 sobre o *Fim da filosofia e a tarefa do pensamento*, o que se trata de pensar além da metafísica são a clareira (*die Lichtung*) e o aberto (*das Offene*), e são esses os termós que, no último Heidegger, parecem tomar o lugar do ser. Mas, que o que aí está em questão é, ainda, uma figura extrema do ser em sua diferença em relação ao ente, é algo provado pelo título que, ao final da conferência, ele propõe para a tarefa do pensamento no lugar de *Ser e tempo*:

---

181   Ibid., p. 76.
182   Ibid., p. 75.

«Clareira e presença» (*Lichtung und Anwesenheit*).[183] A presença nomeia a compreensão grega do ente enquanto ente, e a clareira é, agora, a figura mais própria do ser.

É significativo que a tarefa do pensamento seja enunciada na conferência *Tempo e ser* como a tentativa de pensar a essência sem o ente: «Trata-se de dizer algo da tentativa que pensa o ser sem relação com uma fundação do ser a partir do ente. A tentativa de pensar o ser sem o ente se torna necessária porque, sem ela, não é de modo algum possível, parece-me, trazer ao olhar do ser aquilo que se desenrola hoje no globo terrestre».[184] A dificuldade de superar a cisão do objeto do pensamento é testemunhada no *Nachwort* acrescentado à quarta (1943) e à quinta (1949) edição de *O que é a metafísica?* pelo fato de que, enquanto, no texto da quarta, afirma-se peremptoriamente que «pertence à verdade do ser que o ser seja certamente [*wohl*] sem o ente», a quinta corrige *whol* como *nie*: «que o ser nunca seja sem o ente».[185] A tentativa (*Versuch* — trata-se, portanto, apenas de uma prova e de um experimento) de pensar o ser «sem» o ente é necessariamente tributária da cisão que procura superar. Não menos significativo é que, na conferência sobre o *Fim da filosofia e a tarefa do pensamento*, o Único, que o termo *Lichtung* nomeia, seja definido como uma *Ur-Sache,* uma «coisa originária» (o mesmo termo usado para a causa primeira na conferência de 1957), em que tudo aquilo que vem à presença é «contido e recolhido».[186] O risco aí é que o aberto, apesar das cautelas de Heidegger, torne-se, ele próprio, uma «coisa», uma espécie

---

183   Heidegger, 2007, p. 89.
184   Ibid., p. 5.
185   Heidegger, 1978, p. 304.
186   Heidegger, 2007, p. 81.

de arquitranscendental, distinto mais uma vez das coisas, das res ratae que nele vêm à presença.

6.

Não causa surpresa, portanto, que o problema da relação entre a metafísica e as ciências reemerja com força no início da conferência e que o fim da filosofia seja estreitamente ligado à emancipação dos saberes regionais. «O desenvolvimento das ciências é, ao mesmo tempo, sua libertação da filosofia e a afirmação de sua autossuficiência. Esse fenômeno faz parte do cumprimento da filosofia [...]. A ramificação da filosofia em tantas ciências autônomas, mas entre si estreitamente comunicantes, é o legítimo cumprimento da filosofia. Na época presente, a filosofia encontra seu fim [...]. Aquilo que a filosofia, ao longo de sua história, havia tentado todas as vezes de maneira insuficiente, isto é, a exposição das ontologias das diversas regiões do ente (natureza, história, direito, arte), agora as ciências assumem para si como sua tarefa própria [...]. Todavia, na inevitável pressuposição de suas categorias regionais, é ainda do ser e do ente que as ciências continuam a falar, mesmo que se contentem em não o dizer. Por mais que possam renegar sua origem filosófica, elas não podem refutá-la. O que hoje fala, todas as vezes, naquilo que as ciências têm de científico é sua origem a partir da filosofia»[187]. A pergunta que Heidegger coloca nesse ponto sobre haver, fora da decomposição da filosofia nas ciências tecnicizadas, outra tarefa para a filosofia permanece sem resposta na segunda parte da conferência, que elabora o tema

---

187   Ibid., pp. 72-3.

da *Lichtung* e do aberto, sem jamais colocá-lo em relação ao dos saberes científicos.

Na medida em que o objeto da filosofia ainda permanece de algum modo preso na diferença ontológica e, portanto, de algum modo cindido, ou seja, se o aberto é ainda uma figura extrema do ser, então também em sua separação do ente, que Heidegger procura pensar, ele só pode fazer fronteira com o nada, assim como a «coisa» transcendental é, por fim, apenas um não-nada. Nesse sentido, o aberto só pode abrir o caminho às ciências particulares às quais deve, por fim e mais uma vez, ceder seu primado. Da mesma forma, o conhecimento do ente separado do ser (dos fenômenos separados do númeno), mais do que abrir o caminho à verdadeira ciência, como acreditava a crítica kantiana da metafísica, só pode, visto que tem, desde o início, por assim dizer, partido ao meio seu objeto, acabar em uma pseudociência que renuncia a conhecer o real para poder agir sobre ele.

O que sempre é preciso colocar em questão é aquela cisão originária do objeto do pensamento — o ser e o ente, o existente e a coisa, o ser e Deus, o transcendental e o empírico — da qual a filosofia não conseguiu sair. Ou seja, o que resta pensar é, nas palavras de Hölderlin, que «toda coisa seja cognoscível por meio de seu aparecer e que o modo pelo qual ela é condicionada [*bedingt* — reduzida a coisa] possa ser determinado e ensinado».[188] Isto é, mais uma vez, que a filosofia se decida a abandonar tanto o ser como sua fortaleza transcendental para pensar uma coisa que jamais seja separável de sua abertura e um aberto jamais separável da coisa. E

---

188   Hölderlin, p. 213.

só um saber que se propusesse a conhecer a coisa unicamente por meio de sua abertura seria digno do nome ciência.

7.

Em todo caso, enquanto o objeto do pensamento permanecer cindido, o saber do Ocidente só poderá dividir-se em uma pluralidade de ciências, cuja unificação permanecerá sempre problemática, quando também se procure realizá-la por meio de uma doutrina que, como seu nome sugere, tem apenas escopo técnico e pragmático («cibernética» é apenas a arte do piloto que guia a navegação das ciências e não supõe nenhuma comunidade substancial entre elas). O ser, que deveria ter garantido a unidade do saber, na forma do transcendental, pode apenas se entregar às ciências particulares em que se desmembra e se compartimenta na mesma medida em que gostaria de limitá-las. A ambiguidade e a dimorfia do ente e da «coisa», desde sempre cindidos em ente e essência, em *res rata* e em *res a reaor*, só podem produzir aquela oscilação de um extremo a outro, a qual nem a crítica kantiana nem a ontologia fundamental de Heidegger conseguem limitar. Nesse sentido, a metafísica é a irredutível ilusão transcendental que conduz, a cada vez, o filósofo a trocar o significado pela denotação, o objeto transcendental = x por um ente real. Mas é justamente e apenas o incessante esmagamento daquela ilusão que funda a validade dos saberes que a metafísica entrega como destino ao Ocidente, assim como é a separação do ser do ente que legitima a regionalização da ontologia segundo a multiplicidade das ciências. É em sua inevitável errância que a metafísica constitui o fundamento dos saberes do Ocidente, e o que garante a objetividade dos cientistas é somente a ilusão do metafísico. Enquanto esse nexo secreto que une metafísica e ciência não for esclarecido, a relação entre a filosofia e as ciências continuará a ser problemática. E, dessa aporética situação, a filosofia só poderá sair com a condição de renunciar a seu primado para fazer-se última — última não porque vem depois, mas porque se encontra sempre exposta e historicamente decidida diante dos extremos destinos do *animal metaphysicum.*

Todos se lembram, no romance de Cervantes, do episódio (I, XXI) em que Dom Quixote troca uma bacia de barbeiro pelo elmo de Mambrino. Para Sancho, que lhe faz notar que o elmo se parece tal e qual com uma boa bacia de barbeiro, o cavaleiro, como prova daquela «realidade oscilante» que é para ele o mundo, responde que «o célebre elmo encantado deve ter caído nas mãos de alguém que, incapaz de apreciar seu valor [...], derreteu uma metade para embolsar o valor e reduziu a outra a isso que parece uma bacia, como tu dizes». Dom Quixote se dá perfeitamente conta de que o heroico capacete que logo se coloca na cabeça se parece com uma bacia de barbeiro e, no entanto, declara «não querer levar em conta a transformação». O fato é que, como sugere o adjetivo «encantado», que aqui faz sua primeira aparição inesperada, a realidade é oscilante porque magos e necromantes falsificam incessantemente todas as coisas. «As coisas dos cavaleiros errantes», afirma Dom Quixote a Sancho em um dos diálogos mais filosóficos do romance (I, XXV), «parecem quimeras, tolices, loucuras e são sempre feitas ao contrário» porque paira entre nós «uma hoste de encantadores, os quais tudo mudam, trocam e querem a seu prazer, conforme querem nos favorecer ou nos aniquilar. Por isso, aquilo que para ti parece uma bacia de barbeiro, para mim é o elmo de Mambrino, e, para outros, parecerá ainda outra coisa». É preciso não deixar escapar a sutileza da argumentação: não apenas, por meio do encanto, é impossível distinguir um elmo de uma bacia, mas o sortilégio poderia resultar por fim profícuo para o cavaleiro e, assim, o necromante se transformar em aliado: «É uma excelente provisão do sábio meu protetor que todos vejam uma bacia naquilo que real e verdadeiramente é o famoso elmo, porque, sendo esse de tão grande valor, muitos me perseguiriam para roubá-lo, enquanto, tendo-o por nada mais que um utensílio de barbeiro, ninguém se preocupa em tomá-lo». As quimeras do cavaleiro errante são então verdadeiramente «feitas ao contrário», e o que parecia loucura se revela, por fim, uma forma especial de sabedoria.

É possível comparar a Dom Quixote o filósofo, que tem diante de si um mundo encantado no qual os homens se dividem em escudeiros, que — como Sancho e os cientistas — veem bacias no lugar de elmos, e cavaleiros errantes, que — como os metafísicos — nas bacias de barbeiro querem a todo custo reconhecer os famosos bacinetes. A metafísica — como, nas palavras de Nietzsche em uma carta de 8 de dezembro de 1875 ao amigo Rohde, «toda seriedade, toda paixão e tudo aquilo que toca o coração do homem» — é então «uma quixotice [*Don Quixoterie*]» da qual, em certos casos, é preciso dar-se conta; «de outro modo, é melhor ignorá-la». O elmo de Mambrino é o ser, que o fidalgo metafísico «antigamente, agora e sempre» procura nas coisas particulares e que tem, todavia, a arriscada tendência a reificar-se, aos olhos enfeitiçados dos homens, em bacias e outros utensílios de barbeiro. Em outras palavras, o pensamento está equilibrado entre dois encantamentos e deve, a cada vez e quase no mesmo gesto, esmagar a bacia de Sancho e desmentir a quimera de Dom Quixote. Ao preço de encontrar-se, como o fidalgo «seco e enrugado» com seus livros de cavalaria e como o metafísico em Kant, perdido «em um vasto oceano tempestuoso [...], onde neblinas espessas e bancos de gelo prontos para se liquefazerem dão, a todo instante, a ilusão de novas terras e, incessantemente enganando com esperanças vãs o navegador errante em busca de novas descobertas, levam-no a aventuras de onde ele nunca sabe se evadir e das quais jamais pode sair». O objeto supremo da metafísica, que «sempre nos coloca em um beco sem saída» e que, ainda assim, não podemos deixar de procurar, consiste apenas nesse duplo movimento, semelhante aos *lazzi* disciplinados de Pulcinella ou aos astutos devaneios de Dom Quixote.

Bibliografia

A presente bibliografia reporta as referências aos volumes citados no texto, dando conta das edições italianas quando presentes. As traduções das passagens citadas no texto são, em sua maioria, do autor.

AERTSEN, J. *Medieval Philosophy as Transcendental Tought: From Philip the Chancelor to Francisco Suarez.* Leida, Boston: Brill, 2012.

ALBERTO MAGNO. «Summa theologiae, sive de mirabilia scientia Dei». Org. Siedler. In: ALBERTO MAGNO. *Alberti Magni Opera omnia.* Monastério: Monasterii Westfalorum; Aschendorff, 1978.

ALEXANDRE DE AFRODISIA. *Commentario alla Metafisica di Aristotele.* Org. G. Movia. Milão: Bompiani, 2007.

ARMANDO DE BELLOVISO. *Declaratio difficilium terminorum theologiae, philosophiae atque logicae Armandi Bellovisii.* Veneza: Apud Aldum, 1586.

AUBENQUE, P. *Le problème de l'être chez Aristote.* Paris: PUF, 1966.

AVICENA. *La Métaphisique du Shifa'.* Org. G. C. Anawati. Paris: Vrin, 1978. livros 1-5. [Trad. latina cit.: AVICENA. *Avicenna latinus. Liber de philosophia prima sive scientia divina.* Org. S. Van Riet. Lovaina; Leida: Brill, 1977-1983. 3 v.]

BACON, R. «Summulae dialectices». In: BACON, R. *Les Summulae dialectices de Roger Bacon.* Ed. A. de Libera. Paris: Vrin, 1986. pp. 132-289 (Archives d'Histoire doctrinale et littéraire du Moyen Âge, v. LIII)

BAUMGARTEN, A. G. *Metaphysica.* Hale; Magdeburgo: C. H. Hemmerde, 1739.

BENVENISTE, É. *Problèmes de linguistique générale.* Paris: Gallimard, 1966. (Ed. italiana: BENVENISTE, É. *Problemi di linguistica generale.* Trad. M. V. Giuliani. Milão: Il Saggiatore, 1971.)

BIARD, J. «L'analyse logique des termes transcendantaux chez Jean Buridan». In: VESCOVINI, G. F. (org.). *Le problème des transcendantaux du XIVᵉ au XVIIᵉ siècle.* Paris: Vrin, 2002. pp. 50-66.

BOAVENTURA DE BAGNOREGIO. «Commentarius in II librum Sententiarum». In: BOAVENTURA DE BAGNOREGIO. *Opera omnia.* Quaracchi, Typographia Collegii S. Bonaventurae, 1885. v. 2.

BOEHM, R. *Das Grundlegende und das*

Wesentliche: Aristoteles' Abhandlung "Über das Sein und das Seiende" (Metaphysik Z). Haia: Nijhoff, 1965.

BOULNOIS, O. *Être et représentation. Une généalogie de la métaphysique moderne à l'époque de Duns Scot (XIIIᵉ-XIVᵉ siècles)*. Paris: PUF, 1999.

BRENTANO, F. *Von der mannigfachen Bedeutung des Seienden nach Aristoteles*. Fraiburgo: Herder, 1862. (Ed. italiana: BRENTANO, F. *Sui molteplici significati dell'essere secondo Aristotele*. Org. G. Reale. Trad. S. Tognoli. Milão: Vita e Pensiero, 1995.)

BRISSON, L. «Un si long anonymat». In: NARBONNE, J.-M.; LANGLOIS, L. (orgs.). *La métaphysique. Son histoire, sa critique, ses enjeux*. Paris; Quebeque: Vrin; Presses de l'Université Laval-Québec, 1999. pp. 37-60.

BUBNER, R. «Aristoteles oder die Geburt der Ontologie aus dem Geist der Sprache», *Philosophische Rundschau*, v. XXIV, pp. 177-86, 1977.

BURIDAN, J. *In Metaphysicen Aristotelis quaestiones argutissimae*. Paris: Badius, 1518.

CLAUBERG, J. *Elementa Philosophiae sive Ontosophia*. Groninga: Typis Johannis Nicolai, 1647.

COSTABEL, P.; REDONDI, P. «Contribution à la semantèse de 'Res/Cosa/Cossa' dans la langue scientiphique du XVIᵉ siècle». In: FATTORI, M.; BIANCHI, M. (orgs.). *Res. III Colloquio Internazionale del Lessico Intellet-*

tuale Europeo. Roma: Iliesi, 1982.

COURTINE, J.-F. *Suarez et le système de la métaphysique*. Paris: PUF, 1990. (Ed. italiana: COURTINE, J.-F. *Il Sistema della metafisica. Tradizione aristotelica e svolta di Suarez*. Org. C. Esposito. Trad. C. Esposito e P. Porro. Milão: Vita e Pensiero, 1999.)

CRAPULLI, G. «'Res' e 'cosa' ('cossa') nella terminologia algebrica del secolo XVI». In: FATTORI, M.; BIANCHI, M. (orgs.). *Res. III Colloquio Internazionale del Lessico Intellettuale Europeo*. Roma: Iliesi, 1982.

DE LIBERA, A. *L'art des généralités*. Paris: Aubier, 1999.

DEMANGE, D. «Métaphysique et théorie de la représentation. La question des origines du transcendantalisme revisitée», *Revue philosophique de Louvain*, v. CVII, N. I, pp. 1-39, 2009.

DILTHEY, W. «Einleitung in die Geisteswissenschaften». In: DILTHEY, W. *Gesammelte Schriften*. Stuttgart; Göttingen: Teubner; Ruprecht, 1966. v. 1. (Ed. italiana: DILTHEY, W. *Introduzione alle scienze dello spirito. Ricerca di una Fondazione per lo studio della società e della storia*. Org. G. A. De Toni. Florença: La nuova Italia, 1974.)

DUNS ESCOTO, J. «Quaestiones super libros Metaphysicorum Aristotelis». In: DUNS ESCOTO, J. *Opera omnia*. Paris: Vivès, 1891-1895. v. 7.

DUNS ESCOTO, J. *Ordinatio*. In: DUNS ESCOTO, J. *Ioannis Duns Scoti Op-*

era Omnia. Vaticano: Civitas Vaticana, 1954. livro 1, v. 3.

FICHTE, G. A. *Grundlage der gesamten wissenschaftslehre.* Lípsia: Gabler, 1794-1795. (Ed. italiana: Fichte, G. A. *Dottrina della scienza.* Trad. A. Tilgher. Bari: Laterza, 1925.)

FIDORA, A. «Dominicus Gundissalinus and the Introduction of Metaphysics into the latin World», *The Review of Metaphysics*, v. LXVI, n. 4, pp. 691-712, jun. 2013.

FOLGER-FONFARA, S. *Das «Super»-Transzendentale und die Spaltung der Metaphysik. Der Entwurf des Franziskus von Marchia.* Leida; Boston: Brill, 2008.

FOUCAULT, M. *Naissance de la Clinique. Une archéologie du regard médical.* Paris: PUF, 1963. (Ed. italiana: FOUCAULT, M. *Nascita della clinica. Un'archeologia dello sguardo clinico.* Trad. A. Fontana. Turim: Einaudi, 1969)

GILSON, É. «Avicenne et le point de départ de Duns Scot», *Archives d'Histoire doctrinale et littéraire du Moyen Âge*, v. II, pp. 89-149, 1927.

GOLDSCHMIDT, V. «Theologia». In: GOLDSCHMIDT, V. *Questions platoniciennes.* Paris: Vrin, 1970. p. 142.

GUILHERME DE ALNWICK. *Fr. Guillelmi Alnwick Quaestiones disputatae de esse intelligibili et de Quodlibet.* Org. P. A. Ledoux. Florença: Quaracchi, 1937.

GUILHERME DE OCKHAM. *Summa logicae.* Org. P. Boehner. Lovaina; Paderborn: Franciscan Institute Publications, 1957.

GUNDISSALINO. *De divisione philosophiae.* Org. L. Baur. Monastério: Aschendorff, 1903.

GUYOMARC'H, G. «Fonctions et objets de la 'philosophie première' chez Aristote», *Revue de philosophie ancienne*, v. XXXII, n. 2, pp. 137-178, 2014.

HEIDEGGER, M. «Hegels Begriff der Erfahrung». In: HEIDEGGER, M. *Holzwege.* Frankfurt: Klostermann, 1990. (Ed. italiana: HEIDEGGER, M. *Principi metafisici della logica.* Trad. G. Moretto. Gênova: Il Melangolo, 2000.)

HEIDEGGER, M. «Was ist Metaphysik?». In: HEIDEGGER, M. *Wegmarken.* Frankfut: Klostermann, 1978. (Ed. italiana: HEIDEGGER, M. *Che cos'è metafisica?.* Org. F. Volpi. Milão: Adelphi, 2005.)

HEIDEGGER, M. *Die Grundbegriffe der antiken Philosophie.* Frankfurt: Klostermann, 1993. (Ed. italiana: HEIDEGGER, M. *I concetti fondamentali della filosofia antica.* Org. F. Volpi. Trad. G. Gurisatti. Milão: Adelphi, 2000.)

HEIDEGGER, M. *Die Grundprobleme der Phänomenologie.* Frankfurt: Klostermann, 1975. (Ed. italiana: HEIDEGGER, M. *I problemi fondamentali della fenomenologia.* Trad. A. Fabris. Gênova: Il Melangolo, 1988.)

HEIDEGGER, M. *Hegels Phämenologie des Geistes.* Frankfut: Klostermann, 1980a. (Ed. italiana: HEIDEG-

GER, M. *La Fenomenologia dello spirito di Hegel*. Org. E. Mazzarella. Nápoles: Guida, 1988.)

HEIDEGGER, M. *Platon: Sophistes*. Frankfurt: Klostermann, 1992. (Ed. italiana: HEIDEGGER, M. *Il «Sofista» di Platone*. Trad. A. Cariolato, E. Fongaro e N. Curcio. Milão: Adelphi, 2013.)

HEIDEGGER, M. *Zur Sache des Denkens*. Frankfurt: Klostermann, 2007. (Ed. italiana: HEIDEGGER, M. *Tempo e essere*. Org. E. Mazzarella. Nápoles: Guida, 1998.)

HEIDEGGER, M., *Identität und Differenz*. Frankfurt: Klostermann, 2006. (Ed. italiana: HEIDEGGER, M. *Identità e differenza*. Org. G. Gurisatti. Milão: Adelphi, 2009.)

HENRIQUE DE GANTE. «Quodlibet VII». In: WILSON, G. A. (org.). *Henrici de Gandavo Opera Omnia*. Lovaina: Leuven University Press, 1991. v. 11.

HENRIQUE DE GANTE,. *Summa quaestionum ordinarium theologicae*. Paris: Badius, 1520. v. 1.

HÖLDERLIN, F. *Sämtliche Werke*. Org. F. Beissner. Stuttgart: Kohlammer, 1954. v. 5: *Übersetzungen*. (Ed. italiana: HÖLDERLIN, F. *Prose, teatro e lettere*. Org. L. Reitani. Trad. M. Bozzetti *et al*. Milão: Mondadori, 2019.)

JAEGER, W. *Aristoteles. Grundlegung einer Geschichte seiner Entwicklung*. Berlim: Weidmannsche Buchhandlung, 1923. (Ed. italiana: JAEGER, W. *Aristotele. Prime line di una storia della sua evoluzione spi-*

rituale. Trad. G. Calogero. Milão: Sansoni, 2004.)

KANT, I. *Kritik der reinen Vernunft*. In: KANT, I. *Werke in sechs Bänden*. Org. W. Weischedel. Lípsia: Insel, 1960a. v. 2. (Ed. italiana: KANT, I. *Critica della ragion pura*. Trad. G. Gentile e G. Lombardo-Radice. Bari: Laterza, 1966.)

KANT, I. *Metaphysiche Anfangsgründe der Naturwissenschaft*. In: KANT, I. *Werke in sechs Bänden*. Org. W. Weischedel. Lípsia: Insel, 1960b. v. 5. (Ed. italiana: KANT, I. *Primi principi metafisici della scienza della natura*. Org. I. F. Abano Terme: Baldo, 1989.)

KLEIN, J. «Die griechische Logistik und die Entstehung der Algebra», *Quellen und Studien zur Geschichte der Mathematik, Astronomie und Physik*, v. III, n. 1-2, 1934-1936. (Ed. italiana: KLEIN, J. *Dalla forma al simbolo. La logistica greca e la nascita dell'algebra*. Trad. I. Chiaravalli. Pisa: Ets, 2018.)

LEISEGANG, H. «Über die Behandlung des scholastischen Satzes: 'Quolibet ens est unum, verum, bonum seu perfectum', und seine Bedeutung in Kants Kritik der reinen Vernunft», *Kant-Studien*, v. XX, n. 1-3, pp. 403-21, jan. 1915.

MACRÓBIO. *I Saturnali*. Org. N. Marinone. Turim: Utet, 1977.

MAIOLI, B. *Gli universali. Alle origini del problema*. Roma: Bulzoni, 1973.

MANSION, A. «Philosophie première, philosophie seconde et métaphysique chez Aristote», *Revue*

Philosophique de Louvain, v. L, pp. 169-211, 1958.

MELANDRI, E. *La linea e il circolo.* Macerata: Quodlibet, 2004.

MORAUX, P. *Les listes anciennes des ouvrages d'Aristote.* Lovaina: Éditions Universitaires, 1951.

NATORP, P. «Thema und Disposition der aristotelischen Metaphysik», *Philosophische Monatshefte*, v. 24, pp. 37-65, 1888.

OEING-HANHOFF, L. «'Res' comme concept transcendantal et surtranscendantal». In: FATTORI, M.; BIANCHI, M. (orgs.). *Res. III Colloquio Internazionale del Lessico Intellettuale Europeo.* Roma: Iliesi, 1982.

PAQUÉ, R. *Das pariser Nominalistenstatut. Zur Entstehung der Realitätsbegriffs der Neuzeitlichen Naturwissenschaft (Occam, Buridan, and Petrus Hispanus, Nikolaus von Autrecourt und Gregor von Rimini).* Berlim: De Gruyter, 1970.

PETRUS HISPANUS. *Petri Hispani Summulae logicales, quas e codice manu scripto Reg. Lat.* Ed. de 1205 por I. M. Bochenski. Turim: Marietti, 1947.

POUILLON, H. «Le premier Traité des Propriétés transcendantales. La 'Summa de bono' du Chancelier Philippe», *Revue néoscolastique de philosophie*, v. XLII, n. 61, pp. 40-77, fev. 1939.

PRISCIANO. *Prisciani Grammatici Caesariensis Institutionum Grammaticarum*, libri I-XII. *Rec.* M. Hertzii. In: PRISCIANO. *Grammatici latini. Rec.* H. Keilii. Lípsia: Teubner,

1855. v. 2.

RICOEUR, P. *Être, essence et substance chez Platon et Aristote.* Paris: Seuil, 2011. (Ed. italiana: RICOEUR, P. *Essere, essenza e sostanza in Platone e Aristotele.* Trad. L. M. Possati. Milão; Udine: Mimesis, 2014.)

ROBIN, L. *La théorie platonicienne des idées et des nombres d'après Aristote.* Paris: Alcan, 1908.

SIMPLÍCIO. *In Aristotelis Physica comentaria.* Org. H. Diels. In: BUSSE, A. (org.). *Commentaria in Aristotelem Graeca.* Berlim: Reimer, 1882. v. 9.

VENTIMIGLIA, G. *Differenza e contraddizione. Il problema dell'essere in Tommaso d'Aquino.* Milão: Vita e Pensiero, 1997.

ZIMMERMANN, A. *Ontologie oder Metaphysik? Die Diskussion über den Gegenstand der Metaphysik im 13. und 14. Jahrhundert.* Leida; Colônia: Brill, 1965.

Índice de nomes

Abelardo, Pietro, 44
Aertsen, Jan, 64n, 127
Agostinho, Aurélio, santo, 87
al-Farabi, Aby Nasr Muhammad ibn Muhammad ibn Tarkhan ibn Awzalagh, 43
Alberto Magno, 48, 77, 127
Alexandre de Afrodísia, 13n, 20, 36-7
Apolônio Díscolo, 23
Aristóteles, 12-6, 18-9, 22-39, 43-5, 47, 51, 53-5, 63, 70-2, 76, 83, 91, 100, 107, 109-13, 116
Armando de Belloviso, 54n, 127
Aubenque, Pierre, 17, 55n, 127
Avendauth (Abraham ben Dawud), 43, 56
Averróis (Abu al-Walid Muhammad ibn Rushd), 47, 49
Avicena, 26-7, 43, 45, 47-50, 52, 55-61, 65, 67, 78, 127

Bacon, Roger, 76, 77n, 127
Baumgarten, Alexander Gottlieb, 72, 101
Benveniste, Émile, 31, 33, 127
Biard, Joël, 68n, 127
Boaventura de Bagnoregio, santo, 62, 127
Boécio, Severino, 16, 43, 48, 61, 65, 76, 83
Bochm, Rudolf, 33, 127
Bombelli, Raffaele, 79
Bonetus, Nicolaus, 51
Boulnois, Olivier, 72n, 128

Brentano, Franz, 36, 89, 128
Brisson, Luc, 12, 21, 128
Bubner, Rüdiger, 35, 128
Burdian, Jean, 68-9, 74, 85, 101, 128

Cardano, Girolamo, 78
Cervantes Saavedra, Miguel de, 124
Clauberg, Johannes, 70-1, 128
Copérnico, Nicolau, 106
Costabel, Pierre, 78, 128
Courtine, Jean-François, 55n, 64n, 66n, 72n, 128
Crapulli, Giovanni, 78n, 128

De Libera, Alain, 59n, 127, 128
Demange, Domique, 65n, 73, 86n, 128
Descartes, René, 9, 13, 80, 114-5
Dilthey, Wilhelm, 90, 92, 128
Diofanto de Alexandria, 80
Dom Quixote, personagem literário, 124-6
Duns Escoto, John, 49-50, 65-9, 73, 82-3, 87-8, 90, 128

Estagirita, *veja-se* Aristóteles.

Fibonacci (Leonardo Pisado, *dito*), 78
Fichte, Johann Gottlieb, 107, 128
Fidora, Alexander, 44n, 129
Filipe, o Chanceler, 52-3
Folger-Fonfara, Sabine, 63n, 129

Foucault, Michel, 11n, 129

Galileu, Galilei, 106
Gerardo de Cremona, 78
Gilson, Étienne, 57, 129
Goldschmidt, Victor, 28n, 129
Guilherme de Alnwick, 88, 89n, 129
Guilherme de Ockham (*ou* Occam), 81-2, 84-5, 99, 129
Gundissalino (*ou* Gundisalvo), Domenico, 43, 56, 129
Guyomarc'h, Gweltaz, 13n, 39n, 129

Haman, Johann Georg, 99
Hegel, Georg Wilhelm Friedrich, 86, 113, 117-8
Heidegger, Martin, 27-8, 73, 77-8, 109-23, 129-30
Henrique de Gante, 51, 63-6, 73-4, 77, 101, 130
Herz, Marcus, 91, 101
Hölderlin, Friedrich, 122, 130
Husserl, Edmund, 89, 91, 114

Ibn Gabirol (*ou* Gebirol), Shelomoh bem Yehudah (Salomão de Gabirol), 43

Jaeger, Werner Wilhelm, 16, 23, 110-1, 130
João (Johannes) de Paris (*dito* Quidort *ou* o Dormente), 48-9
João de Sevilha, 78

Kant, Immanuel, 11-2, 52, 73, 85, 91, 95-107, 114, 116, 125, 130
Klein, Jacob, 80, 130

Langton, Stefano (*ou* Stephen), 76
Leisegang, Hans, 101n, 130
Leopardi, Giacomo, 9
Lévi-Strauss, Claude, 82

Macróbio, Ambrósio Teodósio, 86, 130
Maioli, Bruno, 84n, 130
Mambrino, personagem literário, 124-5
Mansion, Augustin, 23-4, 130
Melandri, Enzon, 38n, 131
Mersenne, Marin, 13
Moraux, Paul, 12, 131

Natorp, Paul, 16-7, 23, 25, 110, 131
Nicolau de Damasco, 12
Nietzsche, Friedrich Wilhelm, 125

Oeing-Hanhoff, Ludger, 62n, 131

Pacioli, Luca, 78
Pago, Giovanni, 53
Paqué, Ruprecht, 85, 131
Pedro d'Ibernia (*ou* da Irlanda), 75
Petrus Hispanus (Pietro Ispano, João XXI, papa), 81, 131
Picot, Claude, 115
Platão, 22, 31, 34-5, 40, 72, 81, 91, 109
Pouillon, Henri, 52n, 131
Prisciano, 86, 131
Pulcinella, máscara da commedia dell'arte, 126

Redondi, Pietro, 78n, 128
Ricoeur, Paul, 37, 131
Robin, Léon, 16, 37n, 131
Rohde, Erwin, 125
Rolando de Cremona, 53

Rudolf, Christian, 79

Sancho Pança, personagem literário, 124-5
Simônides, 29
Simplício, 13n, 131
Sócrates, 81, 106
Stahl, Georg Ernst, 106
Stevin, Simon, 80
Stifel, Michael, 79

Tertuliano, Quinto Septímio Florente, 87
Tomás de Aquino, santo, 48-9, 53, 59-61, 70, 75, 86-7
Torricelli, Evangelista, 106

Ventimiglia, Giovanni, 53n, 76n, 77n, 131
Viète, François, 80

Zimmermann, Albert, 49n, 131

Biblioteca Científica
Volumes publicados

1. Giorgio Agamben
   Filosofia primeira,
   filosofia última

Dados Internacionais
de Catalogação na Publicação (CIP)
(Câmara Brasileira do Livro, Brasil)

Agamben, Giorgio
    Filosofia primeira, filosofia
    última : o saber do Ocidente
    entre metafísica e ciência /
    Giorgio Agamben ; tradução
    Vinícius Nicastro Honesko. --
    Belo Horizonte, MG : Editora
    Âyiné, 2024.
Título original: Filosofia
prima, filosofia ultima: Il sapere
dell'Occidente fra metafisica e
scienze.
Isbn 978-65-5998-149-6
1. Ciência
2. Filosofia
3. Filosofia ocidental
4. Metafísica I. Título.
    24-230746
    CDD-100

Índices para catálogo sistemático:
1. Filosofia 100
Eliane de Freitas Leite
    Bibliotecária CRB 8/8415
Nesta edição, respeitou-se
    o Novo Acordo Ortográfico
    da Língua Portuguesa.